E-Mail-Marketing für Anfänger

Wie Sie ihre E-Mail-Liste aufbauen, erfolgreiche Kampagnen erstellen und mehr Kunden gewinnen

Rene Prante

Inhaltsverzeichnis

E-Mail-Marketing für Anfänger

Wie Sie Ihre E-Mail-Liste aufbauen, erfolgreiche Kampagnen erstellen und mehr Kunden gewinnen

Ist man Unternehmer, dann ist man nicht einfach nur unabhängig und sein eigener Chef, man muss auch eine Menge Dinge beachten. Das allererste und wichtigste ist, dass ein erfolgreiches Unternehmen Kunden braucht. Hat man keine Kunden, dann hat man auch keine Einnahmen. Ohne Einnahmen hat man natürlich auch kein Geld.

Ein Weg, Kunden zu bekommen, ist Marketing. Unter dem Wort Marketing sind viele verschiedene Aktivitäten mit verschiedenen Voraussetzungen und verschiedenen Konsequenzen zusammengefasst. Da sind zum Beispiel die altbekannten TV-Spots, doch die sind oftmals zu weitreichend und zu kostspielig. Soziale Netzwerke werden für die Werbung ebenfalls immer interessanter, sind aber auch oft unpersönlich.

Eine bessere Form des Marketings ist das sogenannte E-Mail-Marketing. Dieses zeichnet sich durch eine Reihe von Vorteilen aus und ist daher grundsätzlich für jedes Gewerbe empfehlenswert. Wie so oft im Leben jedoch braucht man ein paar Grundkenntnisse, um in diesem Metier erfolgreich zu sein.

Damit Sie mit E-Mail-Marketing Ihren Erfolg für Ihr Unternehmen sichern können, gibt dieses Buch Informationen, Regeln und Tipps für Anfänger. Wir befassen uns mit der Frage, was E-Mail-Marketing so empfehlenswert macht. Weiterhin wollen wir herausfinden, wie man die richtige E-Mail erstellt und in Umlauf bringt. Dies gilt sowohl für das Programm selbst als auch die inhaltliche Gestaltung. Man will schließlich den richtigen Eindruck machen und die richtige Reaktion beim Kunden hervorrufen.

Ebenso wichtig wie die E-Mail als solche sind die Empfänger. Ohne Empfänger hat man nämlich keine Werbung. Daher wird erklärt, wie man an die nötigen Informationen kommt, um zum einen eine E-Mail-Liste aufbauen zu können und zum anderen wie man diese Liste richtig einteilt und organisiert. Gerade dieser Bereich kann ein wenig trickreich und gefährlich sein.

Weitere Hinweise, auch rechtlicher Art, werden hier ebenso gegeben. Die Regeln in Deutschland sind sehr streng. Sollte man einfach so drauflos E-Mails verschicken, macht man sich damit leicht strafbar. Schlussendlich sehen wir uns die häufigsten Fehler an und wie man sie vermeidet. Am Ende wird gezeigt, wie wir die eigene Kampagne bewerten können. Natürlich werden Sie auch darüber informiert, wie Sie Ihre Kampagne entsprechend der gemachten Erfahrungen anpassen können.

Warum E-Mail-Marketing

Will man verstehen, was E-Mail-Marketing so empfehlenswert macht, muss man erst einmal ein wenig in die Welt des Marketings eintauchen. Dazu schauen wir uns einfach mal ein paar kleine, aber wohlbekannte Fakten an.

Nehmen wir ein ganz einfaches Beispiel. Jemand tritt an Sie mit einer Kaufaufforderung heran. Sie kennen jedoch weder die Person, noch das Produkt, nicht die anderen Kunden und wissen nichts über den Ruf des Unternehmens. Kaufen Sie etwas? Wahrscheinlich nicht, denn Sie haben schlicht nicht die nötigen Informationen. Die Werbeindustrie weiß, dass König Kunde umso wahrscheinlicher ein Produkt kauft, je mehr er darüber weiß. Hat man schon etwas über das Produkt gehört, selbst wenn es nur in der Werbung war, dann verleiht das Legitimation. Dies bringt uns zur ersten Aufgabe der Werbung, nämlich den Kunden über das Angebot zu informieren.

Ist man sich der Wichtigkeit der Werbung bewusst, muss man auch den Prozess verstehen, der bei König Kunde letztendlich zur Kaufentscheidung führt. Es ist eben nicht einfach nur ein „in der Werbung sehen und schon ist es gekauft"-Ablauf. Der Prozess ist ein wenig komplizierter.

Der Kauf eines Produktes oder die Bestellung eines Service stellt nur den letzten Schritt in einer Kette dar, die mit dem bloßen Wissen über die Existenz des Produktes beginnt. Die Werbung muss dementsprechend den Kunden darüber informieren, dass es das

Produkt überhaupt gibt. Das geht in kleinen Botschaften, wie man sie oft im Fernsehen sieht. Das reicht aber noch lange nicht aus. Allein nur weil es ein Produkt gibt, wird der Verbraucher noch lange nicht kaufen.

Im zweiten Schritt geht es darum, den Verbraucher mehr Informationen über das besagte Produkt zu geben. Bevor man etwas kauft, will man schließlich wissen, wozu es dient. Dazu braucht man weitere Informationen wie zum Beispiel die speziellen Vorzüge des Angebotes und dessen Preis. Der gesamte Mix ist es, der für den Entscheidungsprozess, der über den Kauf bestimmt, benötigt wird. Hier sollte auch nicht zu viel geschwindelt werden. Während man Nachteile nicht unbedingt betonen muss, braucht man sie aber auch nicht so ganz unter den Tisch zu kehren. Der Kunde soll schließlich nicht in die Irre geführt und dann enttäuscht werden.

Ist der Kunde informiert, hat er die Chance, sich im nächsten Schritt darüber klar zu werden, ob er das Produkt als solches mag. Dazu vergleicht er die Informationen mit seinen Bedürfnissen. Dient das Produkt nicht unbedingt der Befriedigung eines existierenden Bedürfnisses, dann kann ein solches Bedürfnis unter Umständen entsprechend kreiert werden. Verspricht das Produkt eine erfolgreiche und umfassende Befriedigung der Bedürfnisse, dann wird es gemocht.

Mag ein Kunde das Produkt, sind wir aber noch lange nicht am Ziel. Menschen haben die Eigenart, mehr als nur eine Sache zu mögen. Außerdem steht alles, was in irgendeiner Form Geld kostet, ständig in Konkurrenz zueinander. Der Kunde muss das eigene Produkt mehr mögen als gleiche oder andere Produkte anderer Anbieter. Dazu sollte man weitere Informationen bieten. Am besten sind diese auf den jeweiligen Kunden zugeschnitten. Allzu breit gefächerte und generelle Informationen könnten ohne Erfolg bleiben.

Hat man den Kunden nun soweit, dass er das eigene Produkt den anderen vorzieht, ist man schon fast am Ziel. Nun muss man ihn nur noch überzeugen, das Produkt auch wirklich zu kaufen. Jeder hat schließlich Wünsche, deren Realisierung er auf die lange Bank schiebt. Dort will man aber das eigene Produkt eher weniger sehen. Man muss also Vorteile und Anreize für einen heutigen Kauf bieten, ohne allzu viel Druck auszuüben. Hat man auch das geschafft, dann ist der Kunde endlich im eigenen Geschäft, ruft an oder klickt auf der eigenen Webseite auf „Bestellen".

Soweit ist leicht erkennbar, dass es gar nicht so einfach ist, einen Kunden zu erreichen und zum Kauf zu bewegen. Um dies aber zu bewerkstelligen, stehen eine Reihe von Mittel und Medien zur Verfügung. Diese Mittel und Medien haben ihre unterschiedlichen Vorzüge, aber auch ihre unterschiedlichen Nachteile. Daher lohnt sich ein kleiner Vergleich.

Die TV-Werbung bietet eine große Anzahl an erreichten Zuschauern. Während der absolute Preis für Werbung hier am höchsten ist, ist der Preis pro erreichten Zuschauer jedoch sehr gering. Bezahlt man Tausende Euros und erreicht Millionen potentieller Kunden, dann sind das noch nicht mal ganze Cents pro Person. Das klingt nach einem erfolgreichen Mittel. Der Nachteil hier jedoch ist die kurze Einwirkzeit und das leichte Vergessen beim Zuschauer. Dieser wird wahrscheinlich nicht mit Bleistift und Notizblock vor seinem Fernsehgerät hocken, um eingeblendete Telefonnummern oder URLs aufzuschreiben.

Das Radio hat es in der heutigen Zeit immer schwerer, seine Zuhörerschaft zu sichern. Meistens lauscht man der Musik doch nur, wenn man Auto fährt. Werbung, die hier eingespielt wird, geht dabei nur allzu leicht unter. Ebenso wird auch hier niemand mit Bleistift und Notizblock bereitstehen, nur für den Fall, dass eine Werbung mal interessant klingt.

Flyer sind auch hin und wieder mal beliebt, aber selten vom Kunden akzeptiert. Man kennt das von sich selbst. Wenn man über die Straße geht und einem jemand ein Stück Papier in die Hand drücken will, reagiert man eher abweisend, wie die meisten um einen herum auch. Flyer kosten noch dazu einiges in der Herstellung und noch mehr in der Verteilung. Der arme Kerl, der die Papiere verteilen soll, will schließlich auch seinen Lohn. Auf der guten Seite jedoch bietet ein Flyer die Möglichkeit, die Werbung örtlich gezielt vorzunehmen. Auch kann ein potentieller Kunde die Informationen immer wieder ansehen, falls er wirklich ein Interesse daran hat.

Soziale Netzwerke dagegen versprechen eine weitreichende Wirkung. Dummerweise jedoch übersehen die Nutzer gern die kleinen Anzeigen. Hier ist es schwer, eine Menge interessierter Personen zu gewinnen.

Das ist im Ganzen gesehen in Problem, mit dem die Werbeindustrie zu kämpfen hat. Die Verbraucher werden immer, ständig und überall, mit Werbebotschaften bombardiert. Ihre nur allzu menschliche und verständliche Reaktion ist, die Augen und Ohren demgegenüber zu verschließen. Es wird zusehends schwerer, den unwilligen König Kunde zu erreichen.

Eine Lösung bietet sich in der Form des E-Mail-Marketings an. Werbung muss den Kunden als erstes überhaupt erreichen. Der Kunde ist jedoch meist unwillig. Das gute am E-Mail-Marketing ist, dass sich hier der willige Kunde selbst identifiziert. Er trägt sich und seine Informationen schließlich freiwillig in das Angebot ein. Er bezeugt also sein grundsätzliches Interesse an der Werbebotschaft. Das macht ihn natürlich weit empfänglicher für weitere, nachfolgende Werbebotschaften.

Die Hauptvorteile von TV- und Radiospots sind das Erreichen einer großen Anzahl potentieller Kunden. Eine E-Mail-Liste, die über die Zeit wächst, kann ähnliche Zahlen erreichen. Selbst aber, wenn das nicht geschieht, erreicht der Spot eher den unwilligen Zuschauer/ Zuhörer und die E-Mail den interessierten Leser. Anstatt einfach nur Masse erhält man so Klasse.

Im Gegensatz zum TV und Radio ermöglicht eine E-Mail das wiederholte Aufnehmen der Information in der Form des wiederholten Lesens. Die Überzeugungswirkung ist sehr viel höher. Gleichzeitig muss der Kunde nicht irgendwelche Informationen notieren. Stattdessen bekommt er die Links gleich klickfertig mitgeliefert.

Während der Flyer oft abgelehnt wird und regional begrenzt in seiner Wirkungsmöglichkeit ist, kann die E-Mail weltweit oder regional eingesetzt werden und trifft auf empfangsbereite Personen. Die Kosten sind ebenso weit geringer.

Nun braucht der Kunde mehr als nur einmal die Konfrontation mit der Werbebotschaft. Ebenfalls sollte er mit genug Informationen ausgestattet werden, um die schlussendliche Kaufentscheidung zu bewirken. Nur sehr wenige Medien können das liefern. Das E-Mail-Marketing ist eines davon.

Eine E-Mail kann beliebig viele Informationen enthalten. Um den Kunden nicht zu überfrachten, können sich diese Informationen auf bestimmte Themen konzentrieren. Im Gegensatz zu Spots und Anzeigen, können diese Informationen personalisiert werden. Dazu bedarf es zwar ein wenig Arbeit, doch ist die erst mal erledigt, lässt sich Routine entwickeln. Anstatt also den Kunden mit unerwünschten Informationen zu belasten und damit Widerwillen hervorzurufen, können auf seine Interessen zugeschnittene Inhalte geschickt werden.

Das E-Mail-Marketing ermöglicht das wiederholte Senden von Informationen. Das gestattet den Aufbau von dem Wissen um das Produkt zum Wissen über das Produkt, bis hin zum Mögen, Bevorzugen und am Ende dem Kaufen. Man kann die Informationen maßschneidern, je nachdem, ob man den Kunden mit der ersten E-Mail oder der zehnten E-Mail beglückt. In anderen Worten, die Werbung erfolgt gezielt aufgebaut und eingestellt für die Dauer der Kampagne und die Interessen des Kunden. Damit lässt sich eine unheimliche Überzeugungswirkung aufbauen.

Mit den richtigen Methoden lässt sich eine wahre Beziehung zum Kunden über das E-Mail-Marketing aufbauen. Das bringt ein neues Phänomen zum Vorschein. Kunden, die wiederholt kaufen, sind bereit, höhere Preise zu bezahlen. Ebenso sinkt der Aufwand, der für die Überzeugung zum Kauf nötig ist. In anderen Worten, für weniger Werbeaufwand erhält man mehr Profit.

Zusammenfassend lässt sich feststellen, dass E-Mail-Marketing die wiederholte Beeinflussung des Kunden gestattet. Es ermöglicht den Aufbau einer längeren Beziehung. Gleichzeitig bietet es einen einfachen Transfer von Informationen und mehr noch, dank eingebauter Links, beständige Interaktionen. Damit nicht genug. Die Empfänger von E-Mail-Marketing sind üblicherweise Abonnenten, sie sind also grundsätzlich an den Informationen interessiert.

Das E-Mail-Marketing als solches ist nicht teuer. Es erlaubt einen hohen Grad an Automation, was den Aufwand kleinhält. Das Potential, vor allem über einen gewissen Zeitraum hinweg, ist groß und gestattet es, selbst dem TV Konkurrenz zu machen, falls das eigene Unternehmen groß genug ist, um derartig große Kundenzahlen anzuziehen.

Die Vorteile sind demnach ein Erreichen einer großen Anzahl interessierter Kunden für einen kleinen Preis und einen kleinen Arbeitsaufwand. Eine einmal erstellte Vorlage lässt sich leicht wiederholt verwenden. Den Kunden kann man so mehrfach und überzeugend erreichen. Daher ist E-Mail-Marketing für jedes Unternehmen, das sich des Internets bedient, empfehlenswert. Vom Zahnarzt bis zum Produzenten von Computerspielen, vom Handwerker bis zum Autoverkäufer, jeder kann so seine Kunden gewinnen, behalten und an sich binden.

Wie erstelle ich die richtige E-Mail

Zum Erstellen einer E-Mail-Marketing-Kampagne empfiehlt sich die Verwendung eines entsprechenden Tools. Diese sind meist sehr kostengünstig und sehr einfach in der Bedienung. Wer jedoch nur eine kleine Anzahl an Empfängern hat und diese sich nicht wesentlich erhöht, kann auch alles per Hand erledigen. Dies Lösung ist finanziell gesehen kostenlos, aber sie kostet mehr Kraft und Zeit. Dennoch, für kleine Zahnarztpraxen oder andere Gewerbe mit kleineren Kundenzahlen, welche meist stabil sind, lohnt es sich, diese Arbeit anstatt Geld zu investieren.

Die kostenlose Lösung beginnt mit Outlook oder einem anderen E-Mail-Programm und einer Tabelle, am besten in Form von Excel. In der Tabelle speichert man natürlich die E-Mail-Adressen. Dazu sollte man noch einige Informationen mehr eintragen, die die Auswahl der richtigen Adresse etwas erleichtern. Bleiben wir beim Beispiel des Zahnarztes. Ein junger Patient braucht normalerweise keinen Zahnersatz. Bringt man also das Alter in die Tabelle der E-Mails, dann kann man Informationen über Angebote gezielt an bestimmte Kunden senden. Das Angebot über Zahnersatz geht so an die eher ältere Kundschaft.

Ist die Excel-Tabelle präpariert, geht es an das Erstellen eines Online-Formulars. Dieses ist in Outlook sehr simpel. Man wird sich meistens auf einfachen Text und vielleicht noch das ein oder andere angehängten Bild beschränken.

Diese E-Mail sollte man probehalber an sich selbst schicken. Am besten hat man dafür verschiedene eigene E-Mail-Adressen der gängigen Anbieter. Das Problem ist nämlich, dass die E-Mails von verschiedenen Anbietern auch verschieden dargestellt werden. Dazu kommen noch andere Geräte. Ein Computer mit seinem großen Schirm und ein Smartphone stellen Inhalte ebenfalls unterschiedlich dar. Man sollte die E-Mail an seine verschiedenen Adressen schicken und diese jeweils mit dem Computer und dem Smartphone öffnen. Sieht sie auf allen Geräten und in allen Postfächern gut aus, dann kann man diese Form verwenden.

Diese kostenlose Erstellung einer E-Mail als Marketing-Tool hat neben dem Vorteil, kostenlos zu sein, eine Reihe von Nachteilen. Nicht nur muss man selbst die Liste der Empfänger permanent pflegen, man erhält einfach nicht alle Informationen und man befindet sich nicht auf rechtlich sicherem Boden.

E-Mail-Marketing-Tools dagegen helfen in vielerlei Hinsicht. Sie kosten zwar Geld, aber sie pflegen sich selbst. Potentielle Empfänger können ihre Adresse entsprechend eintragen und auch wieder abmelden. All dies geschieht ohne Zutun des Marketingbetreibers.

Mitunter haben Empfänger eine falsche Adresse eingegeben oder sie verwenden die Adresse einfach nicht mehr und haben sie gelöscht oder sie wurde automatisch gelöscht. In diesem Moment kommt die E-Mail zurück, was man einen Bounce nennt. Das Tool wird daraufhin die Adresse aus der Liste automatisch entfernen. Mister oder Miss

Outlook dagegen können sich an die Bereinigung der Excel-Tabelle und der Senderlisten in Outlook machen.

E-Mail-Tools zeigen an, ob die E-Mail empfangen, geöffnet und gelesen wurde. Man hat also das Feedback, ob man wirklich etwas mit seiner Arbeit erreicht. Outlook weiß dagegen nicht, ob die E-Mail einfach gelöscht oder tatsächlich angeklickt wurde.

Weitere Funktionen lassen eine Auswahl nach bestimmten Interessen, erkennbar an angeklickten Links und Regionen zu. Die E-Mail kann mit Anreden personalisiert werden. Ein weiterer Unterschied zum Outlook ist der Versand an nur eine Adresse. Das bedeutet nicht, dass es wirklich nur an eine Adresse geht, aber der Empfänger sieht es so. Eine Outlook-E-Mail dagegen zeigt die ganze Empfängerliste oder den Fakt, dass es eine Kopie oder Blindkopie ist. Der Empfänger sieht sich dann nur als einer von vielen. Die Tools jedoch senden die E-Mail immer so, dass sich der Empfänger als der einzige Empfänger sieht.

Neben diesem besseren Look und besserem Handling bieten die E-Mail-Tools noch eine Reihe weiterer Funktionen, die über die handgemachten Kampagnen hinausgehen. Oftmals geht es eben um mehr, als das bloße Informieren über das neueste Sonderangebot.

Als erstes bieten diese E-Mail-Tools einen Editor für E-Mails im HTML-Format. Das erleichtert die Erstellung von Inhalten ungemein. Sie bieten für jede mögliche Funktion entsprechende Bausteine. Man kann also leicht Verweise auf andere Medien einbauen, Bilder hinzufügen und entsprechend seinen Text aufbauen. Das sieht nicht nur professionell aus, es sorgt auch für eine Kompatibilität mit den meisten klassischen E-Mail-Postfächern. In anderen Worten, die Chance, dass die E-Mail in allen möglichen Adressen gut aussieht, ist sehr viel höher.

Für Fortgeschrittene ergibt sich die Möglichkeit der Erstellung einer E-Mail im Responsive-Design. Wie schon angesprochen, werden E-Mails nicht unbedingt auf dem Computer gelesen. Andere Geräte, wie zum Beispiel Tablets und Smartphones, werden ebenso zum Lesen der E-Mails genutzt. Dies unterscheidet sich oft auch nach Altersgruppen. So lesen jüngere Nutzer ihre E-Mails eher mit dem Smartphone. Die ältere Generation bevorzugt Computer und die Nutzer im mittleren Alter sind mehr für Tablets.

Unterschiedliche Geräte stellen E-Mails unterschiedlich dar. Ein großer Computer hat kein Problem damit, die Bilder, deren dazugehörigen Text und den Haupttext entsprechend darzustellen. Smartphones dagegen blocken die Bilder oftmals. Damit nicht genug, Bildunterschriften werden abgeschnitten und Texte gehen über den Bildschirmrand hinaus.

Verschiedene Geräte verkomplizieren das Ganze noch weit mehr, als es auf den ersten Blick erscheint. Geräte, die man in der Hand hält, kann man drehen. Damit dreht man auch das Bild. In verschiedenen Formaten jedoch ändert sich die Darstellung erneut.

Die Antwort auf diese Herausforderung ist das sogenannte Responsive-Design. Hier erkennt das Programm, wie und auf welchem Gerät es dargestellt wird. Ein entsprechend in viele, kleine Blocks unterteilter Text lässt sich so immer korrekt und angepasst darstellen.

Damit bleibt die E-Mail immer ansprechend, egal ob man sie auf dem Computer oder mit dem Smartphone öffnet.

Neben diesen, doch eher technischen Spielereien bieten E-Mail-Tools mehr am Marketing orientierte Funktionen. Wenn man sich nämlich in der Welt des E-Mail-Marketings umsieht, wird man schnell entdecken, dass sehr, sehr viele unterschiedliche Möglichkeiten zum Aufbau einer Kampagne zur Verfügung stehen.

Das erste und einfachste ist der klassische Newsletter. Darin kann man mit und ohne Bilder auf seine eigenen Angebote aufmerksam machen. Man gibt die Inhalte entsprechend in das E-Mail-Tool ein und programmiert dann noch die Zeit des Versendens. Bestimmte Inhalte kann man beibehalten, zum Beispiel die Informationen über das eigene Geschäft wie der Standort, die Telefonnummer usw. Das generelle Angebot kann man auch beibehalten und die neuesten Angebote oder die Sonderangebote anpassen. Das geht schnell und dank der wählbaren Sendezeit kann man schon mal die nächsten paar Newsletter vorbereiten und entsprechend senden lassen.

Der klassische Newsletter ist aber nur das einfachste Angebot. Damit kann man weniger falsch machen, die Erstellung an sich ist recht einfach und das Angebot recht breit gestreut. Wie es aber immer so ist mit dem einfachsten Mittel, weit bessere, aber auch aufwendigere Optionen versprechen mehr Erfolg.

Ein nicht wirklich aufwendigeres Mittel, mal davon abgesehen, dass es extra erstellt werden muss, ist die Promotion. Das ist ein nur einmal versendetes Angebot. Hat man schon einen Newsletter, sollte man dessen Format nicht unbedingt wiederverwenden. Es gilt, etwas Besonderes zu schaffen, das sich von dem Einerlei abhebt. Daher kommt der Mehraufwand in Form der einmaligen Erstellung. Ansonsten funktioniert es wie der klassische Newsletter, man versendet es aber eben nur einmal.

Beliebter und erfolgreicher sind die Autoresponder. Hier wird eine Reihe von vorher festgelegten E-Mails an die Empfänger geschickt. Das geschieht jedoch individuell. Wann immer man sich in die E-Mail-Liste einträgt, erhält man eine erste E-Mail. Danach folgen in regelmäßigen Abständen weitere E-Mails. Deren Inhalt ist unterschiedlich und baut aufeinander auf. Das sieht wie ein Online-Kurs aus und der Effekt ist ungefähr der Gleiche. Während die erste oder die zweite E-Mail noch relativ unbeachtet bleiben, schaffen die folgenden E-Mails einen Lerneffekt, der das eigene Angebot nicht mehr so leicht in Vergessenheit geraten lässt.

Eine Steigerung ist die Follow-Up-Kampagne. Wie bei einem Autoresponder erfolgt das Versenden einer Reihe von E-Mails. Während der Autoresponder jedoch nicht lernt, passt sich die Follow-Up-Kampagne dem Leser an. Im Autoresponder bekommt jeder Empfänger die gleiche Abfolge von E-Mails. Der Unterschied besteht nur im Zeitpunkt. Das Intervall und der Inhalt sind festgelegt.

Bei der Follow-Up-Kampagne entscheidet die Reaktion auf die erste E-Mail über den Inhalt der zweiten. Klickt ein Empfänger einer solchen Kampagne von einem Modehaus auf einen Link, der ihn zu Handtaschen führt, enthält die nächste E-Mail mehr Angebote mit Handtaschen. Klickt er auf Schuhe, dann hat die nächste E-Mail mehr Schuhe zum Inhalt.

Der Aufwand bei der Erstellung einer solchen Follow-Up-Kampagne ist höher. Man muss einige Wenn-dann-Schritte eingeben. So eine Kampagne ist nicht mal eben so erstellt. Es braucht Zeit und Geduld, um die einzelnen Inhalte entsprechend zu unterteilen und aufeinander abzustimmen. Auf der anderen Seite ist der Erfolg jedoch ebenso höher, denn die Inhalte werden dadurch immer mehr auf die individuellen Interessen zugeschnitten. Die Chance, dass ein Kunde einen solchen Newsletter abmeldet, ist gering, dafür wird das Interesse an den Produkten oder dem Service dank der Wiederholung immer mehr gesteigert.

Die anspruchsvollste Kampagne ist die A/B-Kampagne. Sie wird so genannt, weil man die Empfänger in verschiedene Gruppen einteilt. Diese erhalten eine A- und eine B-E-Mail. Die Inhalte sind größtenteils identisch, unterscheiden sich aber in einigen Details. Der Gedanke ist, durch Feedbacks herauszufinden, welche Details eher angenommen werden. So kann eine bestimmte Betreffzeile zu mehr geöffneten E-Mails führen als eine andere. Bestimmte Angebote innerhalb der E-Mail werden öfter angeklickt als andere.

Eine A/B-Kampagne verlangt das ständige Beobachten der verschiedenen E-Mails und ihrer Erfolge. Statistische Auswertungen können sich einfach nur nach den Klickraten richten oder noch zusätzliche Unterteilungen nach dem Geschlecht, Alter und Interessengruppen enthalten. Je mehr man dabei unterteilt, desto genauer wird das Ergebnis.

Will man sich für die richtige Kampagne entscheiden, muss man zwischen den eigenen Bedürfnissen, den Erfolgsaussichten und der

Leistungsfähigkeit auswählen. Ist das eigene Unternehmen eher klein und die Stammkundschaft ebenso, dann kann Outlook völlig ausreichen. Ist das eigene Unternehmen jedoch auf eine ständige Neugewinnung von Kunden angewiesen, denn sollte man auf eher komplizierte Formen zurückgreifen. Ein Hotel zum Beispiel ist weder klein noch groß. Eine Stammkundschaft wird durch neue, oftmals (Lauf-)Kundschaft ergänzt. Hier kann man mit Autorespondern die Stammkundschaft beglücken und mit Follow-Up-Kampagnen Neukunden gewinnen. Wichtig ist auch im Hinterkopf zu behalten, dass man vielleicht wachsen möchte. Wer genug Erfahrungen mit dem klassischen Newsletter hat, will es vielleicht mal mit den anderen Kampagnen versuchen.

Ist man sich einigermaßen über den Umfang der eigenen Kampagne und deren Aufbau im Klaren, braucht man die richtige, dazu passende Software. Das ist zumindest dann der Fall, wenn es nicht die Outlook-Lösung sein soll. Für die Software gibt es eine Reihe unterschiedlicher Optionen. Neben unterschiedlichen Programmen geht es auch darum, ob man die Software in Eigenregie im eigenen Unternehmen einsetzen möchte, die Software nebst Server angemietet werden soll oder man die gesamte Kampagne outsourct.

Das Outsourcing der gesamten Kampagne hat überzeugende Vorteile. Man wählt ein Marketing-Unternehmen aus. Diesem vermittelt man die eigenen Vorstellungen und das Unternehmen füllt diese mit Leben. Der eigene Arbeitsaufwand ist gering. Die gesamte Erstellung und Versendung der E-Mails wird von Profis vorgenommen. Da es deren Metier ist, wissen sie natürlich am besten, wie man die Inhalte an den Mann oder die Frau bringt. Außerdem beherrschen die

Profis das mitunter magisch anmutende Auswerten der Feedbacks und kommen zu den richtigen Rückschlüssen. Normalerweise verfügen solche Unternehmen über zertifizierte Server. Das kann zum Beispiel mit einem CSA (Certified Sender Alliance)- Zertifikat geschehen. Dank des Zertifikats bleiben die E-Mails nicht im Spamfilter stecken.

Der Nachteil solchen Outsourcings sind zuallererst die hohen Kosten. All das Fachpersonal, die Fachprogramme und Zertifizierungen kosten etwas. Weiterhin ist man nicht ganz Herr der Daten. Während das bei einem deutschen Unternehmen kein Problem darstellt, kann die Beauftragung einer ausländischen Agentur datenrechtlich bedenklich sein.

Nicht ganz so weitreichend ist das Mieten eines Servers. Die Kosten sind geringer als beim vollen Outsourcing, die Unterstützung jedoch ebenso. Mietet man einen solchen Server, dann steht der Servercomputer im Rechenzentrum des Serviceanbieters. Dadurch befinden sich die Daten nicht im eigenen Unternehmen, sondern beim Serviceanbieter. Wie bei dem Outsourcing, so kann hier die Nutzung eines ausländischen Anbieters rechtlich bedenklich sein. Die deutschen Datenschutzbestimmungen sind sehr streng und nur deutsche Anbieter folgen ihnen entsprechend.

Die Bedienung des gemieteten Servers erfolgt dank Netzwerk vom eigenen Unternehmen aus. Damit hat man die meiste Kontrolle über die Kampagne. Man braucht keine Infrastruktur oder technischen Service dafür im eigenen Haus zu unterhalten. Für die Kampagne sollte man jedoch auf geschultes und erfahrenes Personal setzen.

Updates für die Programme sind bei einem gemieteten Server meistens in der Servicepauschale enthalten. Die Server sollten jedoch zertifiziert sein, zum Beispiel bei der oben genannten CSA. Das erleichtert das Umgehen der Spamfilter.

Beim dem Outsourcing-Modell und dem gemieteten Server sollte man ein wenig auf den Preis achten. Dieser kann per empfangener oder gesendeter E-Mail abgerechnet werden oder eine Zeitpauschale sein. Als Faustregel gilt, dass der Preis mit zunehmender Menge an E-Mails pro E-Mail abnimmt. Der kann dann schnell unter einem Cent pro E-Mail fallen.

Man sollte außerdem auf die Leistungsfähigkeit der verwendeten Server achten. Große Unternehmen sollten Server mieten, die mindestens drei Millionen E-Mails innerhalb einer Stunde absenden können. Natürlich lässt sich dagegen anführen, dass man auch zeitlich gestaffelt senden kann und sowieso nicht so viele Kunden hat. Der Sendezeitpunkt ist jedoch oftmals sehr wichtig, so dass es Sinn macht, die komplette Empfängerliste in einem begrenzten Zeitfenster abzuarbeiten.

Will man die totale Kontrolle über die gesamte Kampagne und die Daten, dann bleibt nur die Option, das E-Mail-Marketing im eigenen Haus abzuwickeln. Dazu bedarf es der richtigen Software und des richtigen Personals.

Die Software lässt sich leicht finden, ein Server ebenso leicht aufstellen. Das Einrichten jedoch sollte man einem Fachmann überlassen. Der Server sollte zertifiziert werden, denn sonst ist man nur allzu leicht ein Opfer der Spamfilter. Das Umsetzen der Kampagne sollte wiederum von Fachpersonal betrieben werden.

Die Probleme für die Abwicklung im eigenen Haus sind, neben dem technischen Einrichten, die Kosten für das Personal und die Zertifizierung und die weiteren Updates. Oft wird die Software nur in einer Basisversion angeboten. Um damit wirklich anspruchsvolle Kampagnen zu erstellen, muss man die Software aufrüsten. Dafür braucht es wieder das geschulte Fachpersonal und den Kauf des Upgrades. Letztere können, je nach Programm, ziemlich teuer werden.

Hat man sich für die Outsourcing-Lösung entschieden, kann man die Ausführung der Kampagne den Fachleuten überlassen. Wer die Software für das eigene Unternehmen kaufen oder einen Serviceanbieter mieten möchte, sollte noch auf ein paar Kleinigkeiten achten.

Deutschland ist inzwischen ein Land der Einwanderer. Daher sollten die Programme mehrere Sprachen unterstützen. Das macht mitunter dem fremdsprachigen Mitarbeiter als auch einem solchen Kunden die Arbeit beziehungsweise den Kauf leichter. Ebenso möchte man vielleicht auch international expandieren. Hier kommen verschiedene Sprachpakete außerordentlich zu pass.

Die Software oder der Service sollte Hilfe und Support beinhalten. Speziell Updates sollten kostenlos sein und die Integration in die Software im Unternehmen, besonders bei gemieteten Servern, von der Servicepauschale abgedeckt werden.

Die einzelnen Inhalte sollten personalisiert werden können. Das beginnt mit der Betreffzeile und geht über die Anrede und Inhalte bis hin zu Bildern und Anhängen. Man wird viel damit experimentieren wollen, um seine E-Mails auf die Kunden und ihre Bedürfnisse abzustimmen.

Wichtig ist auch die Darstellung. Die Programme sollten es ermöglichen, das Design der E-Mails so zu wählen, dass sie auf allen E-Mail-Servern und Geräten entsprechend gut aussehen. Am besten sind Responsive-Designs. Die entsprechenden Vorlagen müssen im Programm vorliegen. Dazu kommt die Möglichkeit von Testversendungen. Das Programm sollte es ermöglichen, dass man eine kleine Anzahl von E-Mails an seine eigenen Adressen als Test senden kann, um die Darstellung zu kontrollieren.

Die sozialen Netzwerke gewinnen täglich an Bedeutung. Daher brauchen gute E-Mail-Tools die Möglichkeit, Elemente der Netzwerke zu integrieren. Dies ermöglicht nicht nur ein interessantes Design, sondern, dank des Sharings, verbreitet es die Information weiter.

Empfängerlisten sollten automatisch bearbeitet werden. Neue Abonnenten müssen ohne menschliches Zutun hinzugefügt werden. Ebenso sollten die Adressen von Abbestellungen ohne Weiteres aus den Listen wieder verschwinden. Wenn eine E-Mail als unzustellbar zurückkommt, der sogenannte Bounce, muss diese Adresse ebenfalls gelöscht werden. Das Programm muss auch in der Lage sein, zwischen einem Hard-Bounce und einem Soft-Bounce zu unterscheiden.

Ein Hard-Bounce bedeutet, dass die E-Mail jetzt und immer unzustellbar ist. Das ist vor allem dann der Fall, wenn die Adresse falsch eingegeben wurde oder sich der Empfänger von seinem E-Mail-Server verabschiedet hat. Hier ist das Löschen der Adresse richtig. Bei einem Soft-Bounce ist die Adresse vorübergehend nicht zu erreichen. Das kann bei ferienbedingter Abwesenheit des Empfängers mit einer entsprechenden Nachricht oder einer wartungsbedingten Unterbrechung des Service des E-Mail-Providers liegen. In diesem Fall sollte die Adresse nicht einfach gelöscht werden, sondern eine erneute Zustellung zu einem späteren Zeitpunkt versucht werden.

Eine Empfängersegmentierung muss möglich sein. Es lohnt sich, die Inhalte nach verschiedenen Segmenten, das heißt Alter, Geschlecht, Bildung und Vorlieben, einzuteilen. So wird der Kunde gezielt in seinen Interessen angesprochen, anstatt dass man ihn mit unnützen Informationen überfrachtet. Das ist nicht nur wichtig, um die Kaufbotschaft an den richtigen Interessenten zu bringen, sondern auch, um das Abbestellen des Newsletters zu verhindern.

Der genutzte Server sollte unbedingt zertifiziert werden. Damit werden die E-Mails nicht mehr als Spam eingeordnet. So verhindert man, dass die eigene Arbeit und Investition umsonst sind.

Im Laufe der Nutzung wird man das Programm vielleicht wechseln wollen, gleiches gilt für den Anbieter. Damit man nicht anfangen muss, alle Listen per Hand einzugeben, sollte die Funktion des Datenimports und -exports vorhanden sein.

Neben diesen Funktionen braucht man noch eine Möglichkeit der Steuerung der Kampagne und des Erhalts von Feedback. Hat man all das in seinem Programm oder Server, dann kann es an die Erstellung einer erfolgreichen Kampagne gehen.

Wie gestalte ich den Inhalt

Der Inhalt der E-Mails in der E-Mail-Marketing-Kampagne ist der wichtigste Punkt für den Erfolg. Hat der potentielle Kunde sich in die Liste eingetragen, ist das nur der erste Schritt. Als nächstes geht es darum, ihn dazu zu bewegen, die E-Mail auch tatsächlich zu lesen. Ist man soweit gekommen, sollte er eine entsprechende Reaktion zeigen. Zu guter Letzt geht es dann noch darum, ihn dazu zu bewegen, den Newsletter oder die Kampagne nicht gleich wieder abzubestellen. Jeder Schritt bedarf einer Reihe von Vorkehrungen und Inhalten.

Was sieht ein Empfänger als erstes von einer E-Mail? Den Absender und die Betreffzeile. Beides muss so gestaltet sein, dass er die E-Mail auch wirklich öffnen möchte. Dazu bedarf es zweier unterschiedlicher Dinge. Der Absender muss Sicherheit suggerieren und der Betreff muss das Interesse wecken.

Jeder weiß es aus eigener Erfahrung, öffnet man sein Postfach, sieht man eine Menge unwillkommener E-Mails. Damit nicht genug, nur allzu oft hört man Geschichten über Viren in unwillkommenen E-Mails. Daher ist es nötig, den immer vorsichtiger werdenden E-Mail-Nutzern zu zeigen, dass es Okay ist, diese E-Mail zu öffnen. Der eigene Absendername nimmt hier die wichtigste Stellung ein. Die E-Mail wird für das eigene Unternehmen verschickt. Am sinnvollsten ist es, den Absendernamen so zu wählen, dass er das eigene Unternehmen benennt. Während das vielleicht nicht immer in voller

Länge möglich ist, sollte doch genug Übereinstimmung vorhanden sein, um zu zeigen, wer man ist. Nichtssagende Abkürzungen, sinnlose Wörter und mögliche Zahlenanhänge haben hier absolut nichts verloren. Sie verwirren nicht nur den Empfänger, sie erhöhen auch die Wahrscheinlichkeit, dass die E-Mail im Spam-Ordner landet. Je mehr der eigene Firmenname wiedergegeben wird, desto besser.

Ist die Sicherheit geschaffen, gilt es nun, das Interesse zu wecken. Dazu dient der Betreff. Die Betreffzeile hat eine wichtige Aufgabe und ein großes Handicap, sie ist sehr kurz. Ohne einen guten Betreff wird die E-Mail jedoch nicht geöffnet.

Bevor man die Betreffzeile verstehen kann, muss man erstmal den Sinn des Newsletters oder der E-Mail-Kampagne verstehen. Der besteht darin, über das eigene Angebot zu informieren und eine Reaktion zu erreichen. Die beabsichtigte Reaktion ist im Allgemeinen der Kauf des Angebotes. Dazu muss sich der Newsletter oder die E-Mail-Kampagne auf das Wesentliche konzentrieren. Es gibt nur eine Botschaft und diese eine Botschaft muss an den Leser gebracht werden. Es geht nicht darum, die gesamten Weltnachrichten zu versenden oder den gesamten Inhalt der eigenen Webseite wiederzugeben. Der Newsletter soll schließlich den Anreiz setzen, die Webseite zu betreten. Ebenso macht es wenig Sinn, einen Newsletter zu lesen, der einfach nur den Inhalt der Webseite wiedergibt. Dazu kann man nämlich gleich der Einfachheit halber auf diese Seite gehen.

Hat man diesen Grundsatz verinnerlicht, wird es einfacher, die Betreffzeile zu schreiben. Da sie nur kurz ist, gilt es, sich auf das Wesentliche zu konzentrieren. Da das Wesentliche aber nur eine einzige Botschaft ist, fällt das schon leichter. Die Botschaft lautet fast immer „Kauf". Das bedeutet, die Betreffzeile muss diese Aufforderung beinhalten oder Anreize dazu liefern.

Die Betreffzeile muss für das Erreichen ihrer Aufgabe, der Wiedergabe der Botschaft, vier Bedingungen erfüllen. Diese sind Länge, Positionierung, Inhalt und Relevanz.

Beginnen wir mit der Länge. Der Betreff sollte nicht zu lang sein. Der Grundsatz, je kürzer, desto besser ist jedoch falsch. Die Länge sollte kurz sein, aber immer noch lang genug, um eine verständliche Botschaft wiederzugeben. Studien haben gezeigt, dass längere Betreffzeilen öfter zu einer Öffnung der E-Mail führen. Das liegt an der Tatsache, dass hier Inhalte besser wiedergegeben werden können.

Was die Länge begrenzt, ist die Zeichenanzahl, nicht die Wortanzahl, entscheidend. Wird eine gewisse Anzahl an Zeichen überschritten, wird der Rest einfach abgeschnitten. Daher geht es nicht darum, Wörter einzusparen. Ein langes, gutes Wort ist besser als 5 kurze Wörter. Es sei hier nochmal betont, dass die Länge zwar begrenzt ist, aber es Bedarf dennoch eines guten Inhaltes. Daher muss die Betreffzeile doch lang genug für die Botschaft sein. Die Zeichenanzahl variiert von Programm zu Programm, Gerät zu Gerät. Outlook stellt 73 Zeichen dar, das iPhone nur 41 Zeichen, wenn es vertikal gehalten wird. Bleibt man unter diesen 41 Zeichen, erreicht man also eine komplette Betreffzeile bei der überwiegenden Mehrheit der Internetnutzer.

Das zweite ist die Positionierung. Nein, es geht nicht darum, wo die Betreffzeile positioniert wird. Es geht mehr darum, wo die

Information innerhalb der Betreffzeile zu positionieren ist. Man muss von einem durchschnittlichen Empfänger ausgehen. Dieser sitzt nicht vor seinen Computer und wartet gespannt auf den Newsletter des eigenen Unternehmens. Vielmehr öffnet besagter Empfänger sein Postfach oft genug unter Zeitdruck und will schnell wissen, warum er eine bestimmte E-Mail überhaupt öffnen sollte. Hier ist es also wichtig, die Informationen an den Anfang zu setzen. Jedes Wort später kann schon ein Löschen der E-Mail mit sich bringen. Die Leute sind eben sehr ungeduldig heutzutage.

Neben dem Empfänger sind es auch die Postfächer, die die Positionierung bedingen. Es kann eben doch einmal bei der Fülle an Postfächern und darstellenden Geräten vorkommen, dass das Ende der Betreffzeile abgeschnitten wird. Daher sollte der wichtigste Inhalt am Anfang stehen, um solche Radikalmaßnahmen zu überstehen.

Der Inhalt der Betreffzeile ist der nächste wichtige Punkt. Der Inhalt sollte eindeutig sein. Es geht nicht darum, sich kreativ, sondern verständlich auszudrücken. Wer sich als Dichter fühlt, kann sich damit im Newsletter austoben, aber sollte die Hände von der Betreffzeile lassen.

Was in die Betreffzeile gehört, sind konkrete Information. Das sind vor allem Rabatte oder Gutscheine. Auch zeitlich begrenzte Angebote gehören hierhin. Wenn es geht, sollte die Zeile möglichst persönlich gestaltet sein.

Zu guter Letzt sollte die Betreffzeile relevant sein. Der Betreff muss zum Inhalt passen. Er sollte auch nichts versprechen, was der Newsletter nicht hält. Was immer hier geschrieben wird, muss in der eigentlichen E-Mail ausführlicher behandelt werden. Der Betreff weckt sozusagen die Erwartung und der Newsletter befriedigt sie. Und nochmal, es ist wichtig, sich auf eine Information zu konzentrieren.

Wer Rabatte und Sonderangebote verspricht, sollte auch konkrete Zahlen benennen. Anstatt nur das Wort „Rabatt" zu gebrauchen, sollte auch gesagt werden, wie viel Prozent es sind. Dabei muss man aber etwas vorsichtig vorgehen. E-Mail-Programme haben bekanntlich Spamfilter. Diese suchen nach sogenannten Spammerkmalen. Einige davon sind Sonderzeichen, Zahlen und Wörter in GROSSBUCHSTABEN. Damit sollte man also sparsam umgehen, um nicht aussortiert zu werden.

Zeitlich begrenzte Angebote sollte die Begrenzung der Zeit ebenfalls in Zahlen benennen. Dadurch schafft man ein gewisses Gefühl von Dringlichkeit. Ein gutes Beispiel könnte so aussehen: „10% Rabatt, nur für diese Woche". Die Botschaft ist kurz, der Rabatt steht am Anfang und die Begrenzung verlangt nach einer schnellen Reaktion.

In manchen E-Mail-Postfächern ergibt sich noch zusätzlich die Möglichkeit, einen Preheader einzufügen. Dabei handelt sich um eine weitere, kurze Zeile, in der man das Wesentlichste des Inhalts wiedergeben kann. Man sollte nicht zu sehr auf diesen Preheader vertrauen, da er nur in einigen Postfächern vorhanden ist. Dennoch sollte man ihn nicht einfach übergehen. Stattdessen kann man hier ergänzende Informationen zur Betreffzeile angeben.

Ist der Betreff erfolgreich, dann öffnet der Empfänger die E-Mail. Diese sollte, wie schon gesagt, keine komplette Wiedergabe der Weltnachrichten oder der Internetseite des eigenen Unternehmens enthalten. Beim Inhalt geht es wieder um die Relevanz und dazu noch um die Gestaltung. Die Relevanz ergibt sich dreierlei, die Relevanz für die Versendung als E-Mail, die Relevanz für das Angebot und die Relevanz für den Kunden.

Für die Relevanz der Versendung als E-Mail gilt, je mehr man sich auf das aktuelle Angebot konzentriert, desto besser. Die E-Mail wird schließlich bald wieder durch eine neue E-Mail ergänzt. Damit nicht genug, das eigene Unternehmen hat auch eine Internetseite. Anstatt also den gesamten Inhalt der Seite im Newsletter herumzuschicken, geht es um die Wiedergabe einer einfachen, simplen Botschaft. Diese lautet „Kauf". In anderen Worten, der Empfänger soll mit kurzen Informationen animiert werden, auf die Internetseite des Unternehmens zu gehen und dort zu kaufen oder zu bestellen.

Packt man zu viele verschiedene Angebote in die E-Mail, dann mag das wirklich wichtige dabei übersehen werden. Außerdem sind die Leute heutzutage im Zeitdruck. Sie wollen nicht lange suchen. Anstatt dessen wollen sie schnell überzeugt werden. Ein kleines Beispiel verdeutlicht dies. Nehmen wir einen Otto-Normalverbraucher als Empfänger. Nennen wir ihn der Einfachheit halber Otto.

Otto interessiert sich als echter Mann für Autos. Da er nicht viel Geld hat, bezieht sich dieses Interesse meist auf Gebrauchtwagen. Der stadtbekannte Gebrauchtwagenhändler Klaus hat eine Homepage. Auf dieser trägt sich Otto mit seiner E-Mail-Adresse für den Newsletter ein. Nun bekommt er wöchentlich eine E-Mail mit dem neuesten Sonderangebot von Klaus.

Braucht Otto wirklich alle Angebote aller Wagen von Klaus? Nein, denn er wird sowieso regelmäßig auf der Seite des Händlers stöbern und kann hier alle Informationen über die Angebote finden. Was aber hat er von der Zustellung der wöchentlichen Sonderangebote? Er erhält das Gefühl, dass Klaus ein zu Rabatten fähiger Verkäufer ist. Würde es Otto etwas ausmachen, die gesamte Palette an Wagen von Klaus im Newsletter zu finden? Wahrscheinlich ja, er würde ihn für langweilig halten und abbestellen.

Was ist also geschehen? Ohne die gesamte Angebotspalette hat Otto immer noch einen Anreiz, auf die Seite von Klaus zu gehen. Ohne von den gesamten Angeboten überlastet zu werden, öffnet Otto immer noch den Newsletter mit den wöchentlichen Sonderangeboten. Eine Folge der ständigen Sonderangebote in seinem Postfach ist der Eindruck, dass Klaus Rabatte vergibt. Wo wird Otto nun seinen nächsten Wagen kaufen? Bei Klaus, denn dort kann er einen guten Preis bekommen. Macht es einen Unterschied, ob Klaus nun den Lieblingswagen von Otto im Sonderangebot hat? Nein, denn Otto geht nicht zu Klaus wegen dieses einen Wagens, sondern wegen des Eindruckes, dass Klaus ein fairer Händler ist.

Versteht man dieses Beispiel, dann ergibt sich der Inhalt für den Newsletter von ganz allein. Es geht um ein Sonderangebot aus dem Sortiment. Dieses verführt zum Kauf. Selbst wenn es nicht das ist, was der Kunde ganz genau und speziell sucht, es ist doch genug, solange es aus derselben Produktart kommt. Dies animiert den Kunden, auf die Seite des Unternehmens zu schauen oder im Geschäft vorbeizukommen und zu überprüfen, ob es auch das direkt Gewünschte im Angebot gibt. Ist der Kunde erstmal auf der eigenen Seite oder im eigenen Geschäft, dann fällt es leichter, ihn zu überzeugen. Daher beschränke man sich nur auf ein Angebot oder einige, sehr weniger Angebote.

Wichtiger als die Menge der Angebote ist deren Überzeugungskraft. Ein zu teurer Wagen, der auch noch nach dem Preisnachlass zu teuer ist, wird Otto nicht überzeugen. Daher sollte man sein bestes Angebot im Newsletter zeigen. Das ergibt die Relevanz für einen Newsletter, die Konzentration auf eine oder wenige, ausgesuchte und wichtige Informationen.

Ist die Relevanz für die Versendung als E-Mail gegeben, geht es um die Relevanz für das Angebot. Die E-Mail sollte auf gar keinen Fall irgendetwas versprechen, das nicht der Realität entspricht. Der Autohändler Klaus sollte also nicht seinen Wagen für einen Preis in die E-Mail stellen, den er nicht auch in Wirklichkeit verlangt. Mit der E-Mail werden Erwartungen geweckt. Aufgrund dieser Erwartungen geht der Kunde in das Geschäft. Werden diese Erwartungen enttäuscht, kann er in der Zeit der sozialen Netzwerke sehr schnell negative Werbung machen. Darum ist die Relevanz für das Angebot außerordentlich wichtig. Für einen Autohändler mag es auch noch angehen, dass der beworbene Wagen dann schon verkauft ist, wenn der Kunde kommt. Für ein Modegeschäft sieht das jedoch schon weniger gut aus, wenn nur eine extrem billige oder extrem schöne Handtasche beschafft, beworben und verkauft wurde. Andere Kunden erwarten einfach bei kleineren Produkten, dass diese mehr als nur einmal im Laden vorhanden sind.

Beschränkt sich der Inhalt richtigerweise auf nur ein Angebot oder sehr wenige Angebote, dann ist es wichtig, diese nicht ständig zu wiederholen. Wenn jede E-Mail die gleichen Angebote wiedergibt, bedeutet das eines von drei Dingen: Erstens, der Laden hat keine Kunden und wird seine Waren nicht los. Zweitens, der Laden hat faule Angestellte, die keine neuen Waren ankaufen. Drittens, der Laden hat faule Angestellte, die den Newsletter nicht auf dem neuesten Stand halten. Egal welche der drei Möglichkeiten von den Kunden vermutet wird, die Folge ist ein Ausbleiben der Kundschaft. Außerdem erhöhen sich wiederholende Inhalte die Gefahr, dass die E-Mail als Spam markiert wird. E-Mail-Server erkennen heutzutage nicht nur, ob sich Inhalte wiederholen, sondern auch sich derartig wiederholende Inhalte sind als Spammerkmal einprogrammiert.

Ist die Relevanz für die Versendung als E-Mail und die Relevanz für das Angebot gegeben, braucht man noch die Relevanz für den Kunden. Diese geht, je nach Größe des Unternehmens und der Bandbreite des Angebotes, verschiedene Wege.

Für ein kleines Unternehmen mit einem begrenzten Angebot und einem ebenso begrenzten Kundenstamm bedeutet die Relevanz für den Kunden etwas sehr Einfaches. Wenn der Kunde sich in die E-Mail-Liste einträgt, dann muss diese den generellen Inhalt des Angebotes wiedergeben und die E-Mails müssen diesen generellen Inhalt widerspiegeln. In anderen Worten, der Newsletter des Autohändlers Klaus sollte keine Angebote seines Zahnarztes enthalten.

Komplizierter wird das jedoch für die großen Unternehmen und hier speziell für Versandhäuser. Diese sollten den Kunden nicht mit für sie uninteressante Newslettern belästigen. Hier empfiehlt es sich, die Empfänger in bestimmte Gruppen einzuteilen. Das kann nach

Alter, Geschlecht und Lebensgeschichte geschehen, sollte aber auch immer die Interessen beinhalten. Die Interessen lassen sich sehr leicht durch das Kauf- oder Leseverhalten feststellen. Die Empfänger der E-Mails sind schließlich registriert. Kaufen sie etwas im eigenen Laden, bestellen sie etwas von der eigenen Internetseite oder klicken sie auf einen Link in einem Newsletter, schon erhält man etwas Wissen darüber, was sie interessiert. Eine Datenbank mit solchen Informationen kann ganz schön wachsen und unterliegt natürlich den Regeln des Datenschutzes. Doch sie liefert die Grundlage für eine Segmentierung der Empfänger.

Sind die Empfänger säuberlich segmentiert, dann erhalten sie genau auf ihre Bedürfnisse und Interessen zugeschnittene E-Mails mit Angeboten. Das lässt sich am einfachsten mit den Follow-Up-Kampagnen erreichen.

Ist der Inhalt soweit fertig, dann muss man ihn entsprechend gestalten. Dies erleichtert die Orientierung für den Empfänger und bringt die wichtigen Inhalte zur Geltung. Als erstes muss man sich an die Regeln der Betreffzeile erinnern. Hier lautete sie, das Wichtigste zuerst zu nennen. Im Inhalt heißt das above-the-fold.

Denkt man zurück an die alten Briefe, die der Briefträger nach Hause brachte, dann waren diese doch oft gefaltet, in English fold. Wichtige Inhalte wurden vorangestellt und befanden sich über der Faltfläche. Das Gleiche findet man in einer E-Mail. Diese wird zwar nicht gefaltet, doch wenn man sie öffnet, dann befindet sich ein Teil sofort sichtbar auf dem Bildschirm. Für den Rest muss man herunterscrollen.

Das System des above-the-fold bedeutet, dass der Inhalt, der am wichtigsten ist, dorthin gehört, wo er beim Öffnen der E-Mail sofort zu sehen ist. Dadurch wird er augenblicklich wahrgenommen. Das führt zu einer positiven Reaktion und verhindert das sofortige Löschen einer als uninteressant wahrgenommen E-Mail. Das wichtigste Angebot und eine Handlungsaufforderung gehören also an die Spitze der E-Mail. Lange Einleitungen und umständliche Erklärungen sind kontraproduktiv und haben hier nichts verloren.

Als nächstes braucht die E-Mail eine Handlungsaufforderung. Diese sollte sich im above-the-fold-Bereich befinden und klar formuliert sein. Am besten sind ein Link und eine kurze Erklärung. Zum Beispiel sind spezielle Aufforderungen „zum Sonderangebot" besser als allgemeine „hier klicken". Der Leser möchte schließlich wissen, warum er den Link anklicken soll.

Farben und Kontraste helfen bei der Orientierung. Hierbei sollte man jedoch immer bedenken, dass es um eine Hilfe geht. Blinkende Farben und Ähnliches sind keine Hilfe. Sie erschweren die Orientierung und erschlagen den Leser förmlich. Besser ist es, sich auf wenige Farben, die nicht aufblinken, -blitzen oder funkeln, zu beschränken. Es geht mehr darum, die Aufmerksamkeit auf die Sonderangebote, die Buttons und die Handlungsaufforderung zu lenken. Wer alles mit einem Kontrast betonen möchte, erreicht das Gegenteil. In einem Farbgekleckse findet sich niemand zurecht. Daher verwende man den Kontrast sparsam und dort, wo er wirklich hingehört.

Nutzt man HTML zum Erstellen der E-Mails, dann kann man mit der Verwendung von Bildern manchmal in Schwierigkeiten geraten.

Was als Bild schön und gut auf dem Bildschirm eines Computers aussieht, kann auf einem tragbaren Gerät schnell ausgeblendet werden. Oft sind diese so eingestellt, keine Bilder anzuzeigen, um die Downloadgeschwindigkeit nicht zu beeinträchtigen oder Kosten zu sparen. Hier empfiehlt sich die Verwendung von Alt-Texten. Diese bieten eine Alternative, daher Alt, zu den Bildern. Wird das Bild nicht angezeigt, erscheint stattdessen der Text. Verspricht das Bild einen Rabatt, sollte nun der Alt-Text dieses Versprechen wiedergeben.

Zusammenfassend kann man also sagen, dass sich der Inhalt auf ein Angebot oder sehr wenige Angebot beschränken sollte. Eine kurze und prägnante Betreffzeile, gepaart mit einem klaren Absendernamen, erhöhen die Chancen, dass die E-Mail geöffnet wird. Ein klarer Inhalt mit dem Wichtigsten am Anfang, zusammen mit Handlungsaufforderungen und wenigen Kontrasten, hilft, das Angebot zur Geltung und den Kunden auf die eigene Internetseite oder in das Geschäft zu bringen.

Wie baue ich eine E-Mail-Liste auf

Was ist wichtiger? Der Inhalt eines Newsletters oder die Liste mit den E-Mail-Adressen? Diese Frage ist im Grunde genommen die Frage nach der Henne und dem Ei. Ohne einen Inhalt hat man keinen Newsletter und ohne eine Liste mit Empfängern hat man keine Leser. Man braucht also beides.

Die Frage ist nun, wie kommt man an die E-Mail-Adressen der glücklichen Empfänger der eigenen E-Mail-Werbung? Fast ebenso wichtig ist die Frage, wie verhindert man, dass die Abonnenten der E-Mail sich wieder abmelden? Beide Fragen haben eine gemeinsame und einige unterschiedliche Antworten.

Das Wichtigste an einem Newsletter oder jeder anderen E-Mail-Werbung ist der Inhalt. Dieser muss sinnvoll und für den Leser interessant sein. Ist er das nicht, dann meldet sich der Abonnent wieder ab. Ist er aber sinnvoll, dann kann man potentielle Leser leichter überzeugen. Wie geht das vonstatten?

Die erste und oft gebrauchte Antwort ist der Kauf einer E-Mail-Liste. Davon ist jedoch dringend abzuraten. Als erstes befindet man sich damit wieder in einem rechtlich bedenklichen Raum. In Deutschland ist der Versand von kommerziellen E-Mails nur dann erlaubt, wenn der Empfänger dem ausdrücklich zugestimmt hat. In anderen Worten, kauft man irgendwelche Adressen von irgendwelchen Leuten und bombardiert sie mit Angeboten, kann man sich schnell vor Gericht wiederfinden.

Als zweites bleibt der Verweis auf den Inhalt, der für den Leser interessant sein muss. Kauft man eine Liste von Adressen, hat man keine Ahnung, was für Interessen sie haben. Man bezahlt für Empfänger, die oft genug die eigenen E-Mails gar nicht wollen. Diese werden dann einfach gelöscht oder als Spam markiert und schon hat man sein Geld zum Fenster rausgeworfen. Daher nochmal, Finger weg von gekauften E-Mail-Listen. Ja, aber wie denn dann?

Um rechtlich auf sicherem Grund zu stehen, sollte man jedes Angebot eines kommerziellen E-Mail-Versandes im Double-Opt-In-Verfahren durchführen. Dazu muss der Empfänger zweimal seine Entscheidung kundtun, den Newsletter oder die E-Mails empfangen zu wollen. Dies geschieht Folgendermaßen: Erst meldet sich der Empfänger für den Newsletter oder die E-Mail an. Dann wird ihm eine Bestätigungs-E-Mail zugesandt. In dieser befindet sich ein Link, auf den er klicken muss, um seine Anmeldung zu bestätigen. Mit dieser Bestätigung nun ist er wirklich als Empfänger gebucht. Wichtig ist, dass man auch nach dieser Bestätigung jede weitere E-Mail mit einem Link versieht, welcher es dem Empfänger mit einem einfachen Klick erlaubt, sein Abonnement zu beenden. Wie aber überzeugt man nun einen potentiellen Empfänger, sich gleich zweimal für den Erhalt des Newsletters oder der E-Mail-Werbung zu entscheiden?

Als erstes sollte man nicht versuchen, den potentiellen Empfänger zu belügen. Die dargebotene Möglichkeit, den Newsletter zu abonnieren, sollte mit der Information verbunden sein, dass man damit

Werbung abonniert. Diese Information sollte einigermaßen klar sein, muss aber nicht unbedingt im Vordergrund stehen. Das Problem ist, dass, je mehr man auf Werbung hinweist, desto weniger Abonnenten man gewinnt. Lässt man den Hinweis jedoch weg, macht man sich strafbar.

Keine Regel ohne Ausnahme. Für das Double-Opt-In besteht die Ausnahme in den Bestandskunden. Hat ein Kunde bereits im eigenen Geschäft etwas gekauft und dabei seine E-Mail-Adresse hinterlassen, dann ist es rechtlich gestattet, ihm Werbung zuzuschicken. Dies beschränkt sich jedoch nur auf eigene Angebote und Produkte, die denen gleichen, die der Kunde gekauft hat oder diese Produkte verbessern. Der Kunde hat jedoch das Recht, dem Erhalt solcher E-Mails zu widersprechen.

Neuanmeldungen für einen Newsletter gewinnt man am besten, indem man die Abonnenten überzeugt. Dazu muss man sich auf eine Zielgruppe festlegen und diesen einen konkreten Mehrwert bieten, den sie mit dem Abonnement erhalten.

Der Mehrwert kann in mehreren Gestalten daherkommen. Das Gute ist, dass sich ein Abonnent schon mal irgendwie mit dem eigenen Angebot befasst hat. Aufgrund dessen sollte ein grundsätzliches Interesse bestehen. Existiert dieses nicht, dann ist es auch völlig sinnlos, einer solchen Person das Abonnement schmackhaft zu machen. Daher geht man bei potentiellen Abonnenten von Leuten aus, die zumindest ein minimales Interesse an dem haben, was man anbietet. Das macht es schon etwas leichter, eine Strategie zu entwickeln, mit der man sie überzeugt.

Das erste, was man anführen kann, sind exklusive Informationen. Man bietet bereits Informationen auf der eigenen Internetseite. Diese einfach nur im Newsletter zu wiederholen, überzeugt kaum dazu, diesen zu abonnieren. Besser ist es, einige Informationen nur im Newsletter zu liefern und nicht auf der Seite zu verbreiten. So könnte zum Beispiel der Autohändler Klaus bestimmte technische Informationen über Autos unterhalb der Sonderangebote in seinem Newsletter platzieren. Diese können allgemeinerer Natur sein und dienen nicht der Animation zum Kauf, dafür gibt es ja das Sonderangebot above-the-fold, sondern dem Erhalt des Abonnements.

Ein weiteres Mittel sind die aktuellen News. Nein, das bedeutet nicht die Weltnachrichten. Hier geht es um die neuesten Sonderangebote. Im Beispiel von Klaus und Otto kann der Autohändler Klaus zumindest eines seiner wöchentlichen Sonderangebote nur im Newsletter bekanntgeben. Dies ist ein weiterer Anreiz zum weiteren Erhalt der E-Mails.

Bestimmte, mit dem Angebot verbundene, Veranstaltungstipps sind ebenfalls willkommene Anreize. Das Interesse bleibt erhalten. Wie die exklusiven Informationen zuvor, so sollten auch die Veranstaltungstipps weiter unten stehen.

Gewinnspiele sind ein weiteres probates Mittel. Diese sollten nur innerhalb des Newsletters verlinkt sein und nicht auf der Internetseite selbst stattfinden. Auch dies erhält die Abonnenten.

Dazu kommen bestimmte Rabattaktionen, Exklusivangebote, Gutscheine und vieles mehr. Dies und die oben genannten können einen Newsletter interessant machen, solange sie nur in dem Newsletter und nicht auf der Internetseite stattfinden. Dies bietet einen echten Mehrwert, den man nicht anderweitig bekommt.

Neben dem Mehrwert selbst, so muss man auch das Anmelden für den Newsletter entsprechend anbieten. Das macht sich am besten auf der eigenen Webseite. Dort kann man ihn an verschiedenen Stellen platzieren. Auf der Startseite ist immer ein guter Platz oder am Ende der Seite, dafür aber auch auf jeder Unterseite. Eine andere Möglichkeit ist die interaktive Gestaltung. Einige Besucher der eigenen Webseite sind nur durch Zufall oder einer schlechten Suche dorthin gelangt und verlassen die Seite schnell wieder. Diese Gruppe wird man nie überzeugen. Diejenigen aber, die wirklich auf die Seite gelangen wollen, werden etwas lesen und herunterscrollen. Dabei kann dann ab einer bestimmten Scrollstufe die Aufforderung für das Eintragen in den Newsletter an der rechten Seite erscheinen. So ist sie nicht im Weg, aber sie bekommt Beachtung. Hat die Seite schon ein wenig überzeugt, fällt die Anmeldung einfacher. Man bewirbt sich und seinen Newsletter damit sozusagen selbst.

Wer neben der eigenen Webseite auch die sozialen Netzwerke verwendet, bietet die Links dorthin natürlich auf der eigenen Seite an. Zwischen diesen Links ist auch ein schöner Platz für einen Link zum Newsletter.

Was sich lohnt, besonders wenn man ein kleiner Fachmann oder eine Fachfrau ist, ist das Schreiben von Artikeln. Autohändler Klaus kann zum Beispiel Erfahrungsberichte über den Gebrauchtwagenverkauf schreiben oder die Modeverkäuferin Sara schreibt über die neuesten Modetrends. Diese Artikel kann man in Blogs oder Foren platzieren und an dessen Ende einen Hinweis auf den eigenen Newsletter bringen. Wichtig ist dabei immer, auch Gründe für das Abonnieren zu nennen. Je besser man argumentiert, desto erfolgreicher wird man damit sein. Natürlich kann der Newsletter auch eine Kopie der eigenen Artikel enthalten.

Manche Newsletter anderer Anbieter sprechen die eigene Zielgruppe an, ohne dem eigenen Geschäft Konkurrenz zu machen. Hier lohnt es sich, mit den Machern des anderen Newsletters in Verbindung zu treten. Man kann ihnen anbieten, für deren Newsletter zu werben, wenn sie umgekehrt auch den eigenen Newsletter in dem ihrigen bewerben. So hilft einer dem anderen.

Gewinnspiele eignen sich nicht nur innerhalb des Newsletters, um diesen interessant zu gestalten, sie lohnen sich auch zum Gewinnen neuer Abonnenten. Hier gilt jedoch Vorsicht. Es ist gegen das Gesetz, eine Teilnahme am Gewinnspiel von dem Abonnieren des Newsletters abhängig zu machen. In anderen Worten, man kann das Gewinnspiel und den Newsletter gleichzeitig anbieten. Dazu trägt sich der Kunde in dem Gewinnspiel ein und setzt nur ein weiteres Häkchen, um den Newsletter zu abonnieren. In der Bestätigungs-E-Mail wird er den Link bestimmt auch anklicken, denn viele denken, dass dies ihre Chancen zu gewinnen erhöht.

In Suchmaschinen kann man den eigenen Newsletter ebenfalls unterbringen. Dazu wählt man nur die richtigen Suchwörter, die natürlich dem Inhalt entsprechen. Ebenso gehört ein Hinweis auf den eigenen Newsletter auch auf die Visitenkarte und die gedruckte Werbung, die man für das eigene Geschäft verwendet. Damit nicht genug. Man kann auch Newsletter-Partys veranstalten. Man kündigt eine Party an und bietet auf der Ankündigung den eigenen Newsletter an.

T-Shirts sind eine weitere, gute Methode. Man kann die eigenen Mitarbeiter so einkleiden, dass sie den Newsletter mit seiner URL zeigen und so Werbung dafür machen. Noch besser sind kostenlose T-Shirts für Kunden im Rahmen bestimmter Aktionen. Diese sollten ebenfalls die URL der eigenen Webseite und des eigenen Newsletters zeigen. Das Gute ist, dass hier andere Werbung machen, was die Akzeptanz der Werbung und ihre Glaubwürdigkeit noch erhöht.

Soziale Netzwerke und YouTube lassen sich auch erfolgreich verwenden. Die Seite auf Facebook und Co. sollte natürlich einen Link zum Newsletter enthalten. Auf YouTube lassen sich kurze Filmchen, selbstgemacht oder eingekauft, zeigen und mit einem Link zum Newsletter versehen.

Dies sind nur einige von sehr vielen Möglichkeiten, wie sich die E-Mail-Adressen anderer gewinnen lassen. Wichtig ist, dabei immer darauf zu achten, dass man den Newsletter oder die E-Mail-Kampagne mit wirklich wichtigen Inhalten versieht und damit auch wirbt. Ein einfaches „abonnieren sie hier" wirkt nicht, denn die Frage bleibt: „Warum?" Daher sollte man schon erklären, was man mit dem Abonnement erhält und die Erklärung sollte der Wahrheit entsprechen.

Schließlich ist es der Inhalt des Newsletters, der immer mehr Abonnenten überzeugt. Vor allem aber auch ist es der Inhalt, der die Leser davon abbringt, ihn wieder abzubestellen. Daher konzentriert man sich am besten auf das, was man in den Newsletter einbringt und dass es wirklich dem Leser nützt.

Wann versende ich
die E-Mails

Grundsätzlich hat jeder seinen eigenen Tages- und Wochenrhythmus. Dieser bestimmt auch unser Verhalten gegenüber E-Mails. Die Faktoren, die hier eine Rolle spielen, sind die Zeit, wann man die E-Mail erhält, die Zeitdauer, die sie im Postfach ungelesen zubringt, die Zeit, die der Empfänger zum Lesen braucht und die Zeit, die er zum Reagieren zur Verfügung hat. Das alles zusammen bringt einen guten Versandzeitpunkt und viele schlechte.

Je nach Zielgruppe für die E-Mail-Kampagne muss man einige Überlegungen anstellen, wann das Versenden sich wirklich lohnt. Hier unterscheiden sich persönliche Lebensgewohnheiten und die gewünschten Reaktionen. Will man Geschäftsleute dazu bringen, eine geschäftliche Entscheidung zu fällen, sollte man sie in der Geschäftszeit erwischen. Will man Privatleute dazu bringen, Waren zu bestellen, sollte man sie erreichen, wenn sie Zeit zum Shoppen haben. So ergeben sich unterschiedliche Voraussetzungen.

Allgemein kann man feststellen, dass die Chancen einer E-Mail, gelesen zu werden, sinken, je mehr Zeit sie ungelesen im Postfach zubringen. Viele Empfänger machen sich nicht mehr die Mühe, ihr Postfach auf Vordermann zu bringen. Die Folge ist, dass jede neue E-Mail die zuvor empfangene E-Mail nach unten verschiebt. Damit entschwindet die ältere E-Mail jedoch zusehends dem Blickfeld.

Kurzum, will man, dass die eigene E-Mail gelesen wird, sollte sie den Empfänger dann erreichen, wenn er sein Postfach geöffnet hat oder kurz vor diesem Zeitpunkt. Dadurch ergeben sich gute Sendezeiten fast von allein.

Geschäftsleute überprüfen ihre E-Mails meistens am Morgen. Natürlich wird auch am Nachmittag das Postfach überprüft, doch dann hat man oft keine Zeit mehr, entsprechend zu reagieren. Außerdem sind Leute auf der Arbeit mit zunehmender Tageszeit immer müder und haben immer weniger Kraft. Wer also einem Geschäftsmann ein bombastisches Angebot am späten Nachmittag machen möchte, muss dann eher mit einer Ablehnung oder Desinteresse rechnen als am Morgen.

Für Privatleute sieht das jedoch anders aus. Am Morgen schlafen viele Leute möglichst lang. Die Folge ist, dass man zwischen dem Aufstehen und dem Zur-Arbeit-Gehen kaum genug Zeit hat, einen Newsletter mit Freuden zu lesen und entsprechende Kaufabsichten zu hegen. Am Abend sieht die Sache nicht besser aus. Oftmals sind die Leute von der Arbeit erschöpft und wollen sich ausruhen. Die Bereitschaft und Offenheit Neuem gegenüber, wie zum Beispiel einer E-Mail mit Kaufaufforderung, ist dabei entsprechend niedrig. Hier ist es besser, die E-Mail am Samstagmorgen zu senden. Das Wochenende ist noch frisch, die Leute wollen etwas unternehmen und suchen nach Möglichkeiten, sich zu entspannen. Shoppen auf einer Internetseite, freundlich eingeladen durch einen Newsletter, ist eine solche Möglichkeit.

Hat man den Empfänger mit der E-Mail erreicht, dann will man, dass dieser Zeit zum Lesen und zum Reagieren hat. Für Geschäftsleute bedeutet dies, nicht den frühen Morgen, sondern die Zeit nach 10 Uhr anzuvisieren. Am frühen Morgen herrscht die Tendenz vor, dass alles auf einmal auf einen einprasselt. Hier könnten Newsletter allzu schnell zur Seite geschoben werden, um Kapazitäten für näherliegende Anforderungen freizumachen.

Für Privatleute steht die Zeit vor allem am Wochenende und am Abend zu Verfügung. Da der Abend innerhalb der Woche jedoch wegen Müdigkeit ausfällt, bleibt nur das Wochenende. Hier empfiehlt sich wiederum der Samstagmorgen, denn hier steht noch die meiste Zeit des Wochenendes ungenutzt zur Verfügung.

Zu diesen immer wiederkehrenden Herausforderungen kommen natürlich weitere. Diese bestehen in der Form von besonderen Zeiträumen und besonderen Tagen. Wenn es Zeit wird, den Urlaub zu buchen, dann wird es Zeit, die E-Mail-Kampagnen für Urlaube zu intensivieren. Dann kann man die E-Mails auch mal an ungünstigen Tagen oder zu ungünstigen Stunden schicken. Gleiches gilt für Feiertage. In der Adventszeit sind mit Weihnachten in Verbindung stehende E-Mails immer willkommen. Der Sommerurlaub kann auch schon mal im Winter beworben werden, wenn alle nach Wärme lechzen. Manchmal ist es eine echte Wissenschaft und manchmal braucht man nur das richtige Gefühl.

Dies erklärt die oben angeführten Anforderungen an das E-Mail-Programm. Will man alle seine Abonnenten zur rechten Zeit erreichen, dann muss sich die gesamte Empfängerliste in einem recht kurzen Zeitraum, eben zum richtigen Zeitpunkt, abarbeiten lassen. Auch eine vorherige Programmierung der Sendezeit ist dabei sehr hilfreich, damit man den rechten Moment nicht verpasst.

Was muss ich sonst
noch beachten

Das Ziel des Newsletters oder E-Mail-Marketings ist die Erhöhung des Umsatzes. Dazu müssen die E-Mails genug Anreize bieten, gelesen zu werden und zu überzeugen. Wie im Kapitel über den Inhalt erklärt, geht es nicht um das Versenden der neuesten Nachrichten. Hier muss noch Weiteres erklärt werden.

Der Newsletter sollte aus mindestens zwei Teilen bestehen. Der erste ist die eigentliche Werbung. Diese gehört in den Bereich above-the-fold aus den bereits erklärten Gründen. Manchmal lässt sich die Werbung jedoch nicht entsprechend komprimieren. Dann ist der wichtigste Teil im above-the-fold unterzubringen.

Entwickelt man den Inhalt der eigentlichen Werbung, dann kann man auf drei verschiedene Arten vorgehen. Der erste Weg ist eine Reihe, größtenteils gleichwertiger Angebote, wie zum Beispiel Rabatte, Gutscheine und Sonderangebote. Hiervon gehört der größte Rabatt, der größte Preisnachlass oder das Sonderangebot, dass wahrscheinlich die größte Anzahl an Kunden anspricht, in den above-the-fold.

Der zweite Weg ist vom Großen zum Kleinen. Man fängt mit dem Höhepunkt an und gibt dann zusätzliche Angebote, Hinweise und Informationen. Das ist ein sehr guter Weg, denn der wichtigste Teil steht am Anfang und befindet sich damit immer above-the-fold.

Der dritte Weg ist, dass man auf den Höhepunkt hinarbeitet, also vom Kleinen zum Großen. Von diesem Weg ist jedoch abzuraten. Menschen unter Zeitdruck wollen nicht ihre wenige Zeit damit zubringen, herauszufinden, worum es eigentlich geht. Der Newsletter ist keine Lektüre, die man vor dem Einschlafen liest und dabei mit Spannung unterhalten wird. Der Newsletter soll nützliche Informationen bringen und das möglichst klar und schnell.

Im Bereich below-the-fold kann man dann zusätzliche Informationen, die nicht dem Verkauf dienen, unterbringen. Auf diese sollte man schon im Bereich above-the-fold hinweisen, so dass der Leser nicht von der Werbung genervt den Newsletter abbestellt. Die extra Informationen sind dazu gedacht, ihn bei der Stange zu halten. Dazu muss er aber auch wissen, dass sie da sind.

Im zweiten Teil kann man sich dann über all das auslassen, von dem man denkt, dass es den Leser interessiert. Dazu muss man jedoch zwei Dinge im Hinterkopf behalten. Das erste ist die Relevanz. Man hat eine Webseite und der Empfänger hat sich auf dieser Seite in den Newsletter eingetragen. Der Empfänger möchte also Informationen zu den Themen erhalten, die die Webseite vertritt. Daher sollte man auch nur damit in Verbindung stehende Informationen liefern. Das können interessante Geschichten sein, Erfahrungsberichte und vieles mehr. So erhält das ganze einen etwas geheimeren Charakter, denn nur Abonnenten des Newsletters erhalten diese Informationen, und man baut eine Verbindung zum Empfänger auf.

Das andere ist, dass man mehr Informationen, als auf der Webseite vorhanden, liefern muss. Wer alles auf der Seite finden kann, wird sich kaum die Mühe machen, sich in dem Newsletter einzutragen. Der Erhalt der neuesten Veranstaltungstermine allein ist einfach nicht ausreichend.

Ist man nicht sicher, was man schreiben soll, kann man auch die Arbeit an die Empfänger weitergeben. Einen Link, über den der Empfänger antworten und seine Meinung kundtun kann, ist immer hilfreich. Diesen Link sollte man mit einer Aufforderung, Vorschläge zu machen, versehen. Wettbewerbe, bei denen man Beiträge einreichen kann, sind ebenfalls eine gute Idee. Man veröffentlicht zwar nur den Gewinner, doch alle Beiträge liefern Anregungen, auf was man wie eingehen kann.

Unterteilt man den Newsletter in klare Abschnitte, dann kann man auch einen Abschnitt für Empfängerbeiträge einführen. Der Vorteil gegenüber dem Wettbewerb ist ein konstanter Strom von Beiträgen anstatt einer einmaligen Flut. In diesem Modell hat man dann den ersten Teil für die eigentliche Werbung, den zweiten Teil für die eigenen Beiträge und den dritten Teil für die Beiträge der Leser.

Kundenbeiträge und die Möglichkeit, Vorschläge zu unterbreiten, vermitteln außerdem den Eindruck, dass man die Empfänger ernst nimmt. Das baut ein größeres Vertrauensverhältnis auf. Nicht wenige der Newsletter-Leser werden dadurch motiviert, auch ihre Freunde und Kollegen den Newsletter zu empfehlen. Warum? Sie wollen, dass sie es sehen, dass sie Beiträge schreiben und veröffentlichen.

Man sollte auch nicht davor Angst haben, dass sich der Newsletter dadurch verselbstständigt. Eine rege Leserschaft, die sich aktiv beteiligt, ist der Traum eines jeden Unternehmens. Entwickelt sich der

Newsletter so selbstständig weiter, dann erfährt man selbst am ersten, was König Kunde möchte und kann entsprechend reagieren.

Das rechtliche Problem bei der Versendung von kommerziellen E-Mails wurde bereits angesprochen. Ein Double-Opt-In bietet als einziges die nötige Sicherheit für eine Anmeldung zum Newsletter. Man sollte jedoch auch zwingend darauf achten, dass der Link für die Abmeldung funktioniert. Diese sollte man unbedingt vor der Erstversendung testen. Meldet sich ein Empfänger über den Link ab und erhält dennoch weitere E-Mails oder wird der Abmeldeprozess gar nicht erst in Gang gesetzt, kann das sehr teuer werden.

Ein weiteres rechtliches Muss ist das Impressum. Wie man schon bei der Erstellung der eigenen Webseite erfährt, braucht eine solche unbedingt ein Impressum, um den rechtlichen Vorschriften in Deutschland zu genügen. Ein Impressum auf der Webseite ist jedoch nicht ausreichend für den Newsletter. Stattdessen muss in der E-Mail selbst noch einmal ein Impressum vorhanden sein.

Der Spam-Filter wurde ebenfalls schon einmal kurz angeschnitten, doch einige weitere Ausführungen sind dazu nötig. Grundsätzlich hat man nichts von dem Spam-Filtern zu befürchten, solange jedenfalls, wie man einen guten Inhalt bietet. Lesen die Empfänger die eigenen E-Mails, dann bekommen die Server das mit. Besser noch ist es, wenn die eigene E-Mail im Spam-Filter landet, dort aber von dem Empfänger herausgefischt und als normale E-Mail markiert wird. Daraufhin sind die Server eher geneigt, die eigene E-Mail durchzuwinken.

Eine weitere Hilfe ist, wenn man den Empfänger bittet, die eigene Adresse in das Adressbuch aufzunehmen. Dadurch wird der

Newsletter auf keinen Fall als Spam angesehen. Eine kleine Anleitung mit Bildern, wie man die Adresse in das Adressbuch aufnimmt, hilft bei Empfängern, die mit dem Internet nicht ganz so vertraut sind.

Spamfilter entscheiden, ob eine E-Mail Spam ist oder nicht, anhand der Inhalte. Benutzt man unseriöse Ausdrücke, blinkende Banner und GROSSBUCHSTABEN, dann passiert es leicht, als Spam markiert zu werden. Daher sollte man solche Auswüchse glatt vermeiden. Rechtschreibfehler und sehr farbige E-Mails sind ein weiteres beliebtes Merkmal, wenn es um das Erkennen von Spam geht. Am besten ist es, alles was sich nicht für ein seriöses Unternehmen gehört, zu unterlassen.

Ein weiteres Problem sind gekaufte E-Mail-Listen. Davon wurde schon wiederholt abgeraten und hier ist ein weiterer Grund, warum sie nicht gut sind. Werden Empfänger mit einem nicht abonnierten Newsletter beglückt, wird er oft genug als Spam markiert. Die E-Mail-Server erkennen das und stufen den Newsletter dann automatisch als Spam ein. Man verschlechtert so nur seine Zustellungsrate.

Ein anderes Problem sind Anhänge. Anstatt eine PDF-Datei oder ein Bild anzuhängen, sollte man besser einen Link zum Herunterladen anbieten oder den Text beziehungsweise das Bild in die E-Mail integrieren.

Was das Risiko, im Spamfilter hängen zu bleiben, ebenso sehr wirkungsvoll verringert, ist die Server-Zertifizierung. Ist man mal als zertifizierter Server anerkannt, geht es meistens am Filter vorbei, zumindest solange man nichts Unseriöses einstellt.

Ein weiteres, bereits angeschnittenes Problem, ist die unterschiedliche Darstellung der E-Mails auf verschiedenen Servern und Geräten. Gute Tools bieten gute Vorlagen, die auf den meisten Servern und Geräten funktionieren. Dazu gibt es oft noch eine Designtestfunktion. Hier kann man das Design so sehen, wie es von den unterschiedlichen E-Mail-Clients dargestellt wird. Hat man seine E-Mail fertiggestellt, sollte man sie dann noch, nur um richtig sicher zu gehen, an eigene E-Mail-Adressen testweise schicken. Dazu richtet man auf den gängigsten Servern jeweils eine eigene Adresse ein.

Bei der Versendung von Bildern sollte man auf zwei Dinge achten. Das erste ist die Größe und das zweite sind die Ausmaße. Man kann Bilder sehr einfach im jpg-Format komprimieren. Dadurch lässt sich ihre Größe von mehreren Megabytes auf unter ein Megabyte reduzieren, ohne dass die Qualität allzu sehr leidet. Die Vorteile sind gleich doppelt. Eine geringe Größe gestattet einen schnellen Download auch bei weniger schnellen Verbindungen. Niemand möchte minutenlang am Bildschirm kleben, biss sich der Newsletter geladen hat. Gleichzeitig erhöht eine geringe Größe die Chance, dass die Bilder tatsächlich geladen werden. Sind die Bilder nämlich zu groß, muss der Download erst bestätigt werden oder wird gänzlich verweigert.

Die Ausmaße sollten nicht zu groß sein. Zum ersten verringern kleinere Ausmaße die Größe, zum anderen ermöglichen sie eine Darstellung auch auf Smartphones und Tablets inklusive der Bildunterschrift, ohne dass etwas abgeschnitten wird.

Bei den Inhalten der Bilder gibt es noch einige andere Faktoren, auf die man unbedingt achten sollte. Zum ersten sollte das Bild in einem gängigen Format gehalten sein, das heißt, als jpg- oder png-Datei. Des Weiteren müssen die Bilder aussagekräftig sein. Ein Bild, bei dem man erst lange rätseln muss, was es denn nun eigentlich zeigt, bringt nichts. Auch sollten Schriften in den Bildern weitestgehend vermieden werden, denn sonst ist man eher wieder im Spamverdacht.

Auch muss das Bild zum Text passen. Was man bewerben möchte, das erklärt man mit seinen Worten und unterstreicht es mit den Bildern. Daher sollten die Worte und Bilder übereinstimmen. Weiterhin sind Bilder naturgemäß echte Eyecatcher. Es lohnt sich aus diesem Grunde, sie genau neben einen Link zu setzen, den der Empfänger betätigen soll.

Videos sind manchmal eine echte Marketinghilfe, dennoch haben sie zwei wesentliche Nachteile. Gewöhnlich sind sie sehr groß und sie lassen sich nicht direkt in der E-Mail abspielen. Wer also mit einem Video arbeiten möchte, sollte ein paar Tricks anwenden. Zum ersten braucht man einen Screenshot des Videos. Dann fügt man noch einen Link zum eigentlichen Video und eine kleine Erklärung darüber, was das Video zeigt oder warum man es anschauen sollte, hinzu. Das hat den zusätzlichen Vorteil, dass man so seine Webseite in den Newsletter einbringt.

Eine weitere Hilfe ist es, vor der Versendung des eigentlichen Newsletters eine gewisse Beziehung zu dem neuen Empfänger aufzubauen. Dazu kann man eine Serie von Autoresponder- oder Follow-Up-E-Mails vor den eigentlichen Newsletter schalten. Die Autoresponder-E-Mails haben, eine nach der anderen, nützliche Informationen, dem Thema der Webseite entsprechend, zum Inhalt.

Dadurch wird das Interesse geweckt und eine Erwartungshaltung aufgebaut. So wird der echte Newsletter auch wirklich gelesen und nach neuen Informationen durchstöbert. Follow-Up-E-Mails gestatten es sogar, den Newsletter den Interessen des Lesers anzupassen. Die ersten E-Mails gestatten es, das Leseverhalten und damit die Interessen zu analysieren, die dann im Newsletter gezielt angesprochen werden.

Als Inhalte einer solchen, eine Beziehung aufbauenden Kampagne, kann alles in Betracht kommen, was mit der Webseite in Verbindung steht aber keine Werbung darstellt. Autohändler Klaus kann über bestimmte Autos oder bestimmte Kauftipps sprechen, Zahnarzt Meier über die Zahnpflege und Modeverkäuferin Sara über die neuesten Modetrends. Alles, was Interesse zum weiteren Lesen weckt, ist richtig. Am Anfang der Beziehung zum Kunden ist das Misstrauen und der Informationsbedarf am größten. Daher muss das Misstrauen besänftigt und der Informationsdurst gestillt werden.

Die Anmeldung zum eigenen Newsletter kann man auf der eigenen Seite verschiedentlich einbauen wie schon angesprochen. Der beste Platz ist jedoch immer am unteren Ende auf jeder Seite und Unterseite. Das hat zur Folge, dass ihn nur die sehen, die herunterscrollen. Manch einen schreckt die Aufforderung zum Eintrag der E-Mail-Adresse ab. Bringt man diese Aufforderung jedoch unten an, fällt sie nicht so auf. Dagegen wird beim Lesen der Seite das Interesse geweckt. Kommt man jetzt als Leser zur Aufforderung, die eigene E-Mail-Adresse einzutragen, ist man weniger abgeneigt.

Manch ein Nutzer des Internets speichert gewohnheitsgemäß keine Seiten ab. Hier ist der Eintrag der E-Mail-Adresse am Ende der Seite ein probates Mittel, um ein Wiederauffinden der Seite zu ermöglichen. Da mit dem Lesen der Seite schon das Interesse geweckt wurde, leuchtet es auch diesen Nutzern ein, warum es sich lohnt, die eigene E-Mail hier anzugeben.

Während es sehr wünschenswert ist, sehr viele Informationen über die Empfänger zu erfahren, damit man ihnen gezielt Informationen zusenden kann, macht sich das nicht so gut im Anmeldeformular. Wer hier eine Menge Fragen einbaut, schreckt wieder ab. Besser ist es, nur sehr wenige Fragen oder gar keine Fragen einzubauen. Wer sich für wenige Fragen entscheidet, sollte diese als optional kenntlich machen. Das einzige Pflichtfeld ist die eigentliche E-Mail-Adresse und das Häkchen für den Newsletter-Erhalt. Alle weiteren Informationen kann man im weiteren Verlauf der E-Mail-Beziehung erhalten.

Eine weitere Frage ist die Häufigkeit. Diese richtet sich nach der Art des Angebotes und der Kundschaft. Ein Modegeschäft möchte bestimmt öfter über neue Produkte informieren als ein Zahnarzt. Daher ist hier eine allgemeine Regel für die Häufigkeit fast nicht aufstellbar. Mit einer Ausnahme: Wenn man einen Newsletter erstellt und wirklich mal nicht weiß, was man hineinpacken soll, dann ist es besser, auf diesen Newsletter für dieses Mal zu verzichten. Besser einmal zu wenig gesendet als einmal zu viel. Der Effekt eines Zu-wenig-Sendens ist, dass es der Empfänger vielleicht gar nicht merkt oder aber sich fragt, was los ist und damit an das eigene Unternehmen denkt. Ein späterer Newsletter kann alle Bedenken, die eventuell gehegt wurden, ausräumen. Ein Newsletter zu viel jedoch, vor allem wenn er mit unnützen Dingen vollgestopft ist, verführt eher zum Abmelden des ganzen Newsletters und schon hat man einen Kunden verloren.

Gehen einem dann doch mal die Themen aus oder steht man am Beginn der Newsletter-Karriere und weiß nicht, wo man anfangen soll, gibt es ein paar einfache Inhalte, die immer richtig sind. Wenn man eine Webseite für das eigene Unternehmen hat, gibt es wahrscheinlich einen Firmenblog. Man kann einfach die News aus diesem Blog mit ein wenig extra Informationen aufgepeppt in den Newsletter einbringen.

Eine andere gute Idee sind Anleitungen. Nicht jeder kennt sich mit allem aus. Das gilt für den richtigen Schmuck und das richtige Makeup genauso wie für die Auto- oder Zahnpflege. Anleitungen und Gewusst-wie-Erklärungen sind niemals falsch.

Artikel mit Tipps sind ebenfalls immer gern gesehen. Dies könnten „Die 10 besten …" oder „Die 10 schlechtesten …" Artikel sein. Hier wiederum passt alles von Zahnpflege bis Urlaub hinein, solange es mit den Themen der eigenen Webseite und des eigenen Angebotes übereinstimmt.

Rechtliche Hinweise und Anwendungsbeispiele beziehungsweise Erfahrungsberichte haben sich auch bewährt. Testberichte sind ebenfalls nicht schlecht. Findet man einen Experten, so kann man dessen Sicht auf die Themen wiedergeben.

Insgesamt gesehen muss man also immer auf gute Inhalte achten und die eigene E-Mail immer wieder testen. Mit den Links zum Abmelden und dem Impressum steht man auch rechtlich auf der sicheren Seite. Anhänge gilt es zu vermeiden und Bilder sollten nicht zu groß, dafür aber relevant und aussagekräftig sein.

Wie kann ich die E-Mails auswerten und optimieren

E-Mail-Marketing-Tools haben oftmals eingebaute Trackingfunktionen, damit lassen sich Öffnungsraten, Klickraten, An- und Abmelderaten und Konversionsraten leicht und einfach nutzen. Hinter dem Wort Tracking steht nichts anderes als das Verfolgen oder Beobachten der Reaktionen der Empfänger der E-Mails. Das ist keine kriminelle Wirtschaftsspionage, sondern eine einfache Auswertung, um den Erfolg der eigenen Maßnahmen in Erfahrung zu bringen. Rechtlich ist dies völlig unbedenklich.

Als erstes sollte man sich die An- und Abmelderaten ansehen. Hierbei wird verglichen, wie viele Personen sich in einem bestimmten Zeitraum angemeldet und wie viele sich abgemeldet haben. Bei falsch durchgeführten Kampagnen mag das ein Punkt der Frustration sein, doch wenn man die Gefahr erkennt, kann man auch reagieren. Darum muss man sich im Klaren darüber sein, was diese Punkte aussagen.

Die Anmelderate bezeichnet die Menge der Leute, die sich anmelden. Die Aussagekraft bezieht sich nicht auf den Inhalt des Newsletters, sondern die Überzeugungskraft der Aufforderung zur Anmeldung. Die potentiellen Empfänger haben den Newsletter schließlich noch nicht erhalten. Ist die Anmelderate gering, dann muss man sich darum bemühen, überzeugender zu sein. Das kann dadurch geschehen, dass man die Aufforderung zur Anmeldung besser platziert. Wie gesagt, der beste Platz ist am Ende der Seite, damit ein gewisses Interesse bereits geweckt ist. Andere Orte können auch in Frage kommen, daher muss man halt ein wenig probieren.

Die Aufforderung zu Anmeldung selbst muss auch entsprechend gestaltet sein. Man muss überzeugende Argumente liefern. Anstatt also nur aufzufordern, erklärt man auch am besten, welche Vorteile mit der Anmeldung verbunden sind. Die sollten nicht nur in Rabatten bestehen, vielmehr sollte der Inhalt des Newsletters selbst der Überzeugungsgrund sein. Hier kann man mit verschiedenen Argumenten vorgehen, doch die Erklärung sollte stets sehr kurz gehalten sein. Wirkt ein Argument nicht, dann versucht man ein neues. Vorschläge kann man im Kapitel „Wie baue ich eine E-Mail-Liste auf" finden.

Manchmal ist der Grund auch ganz einfach eine zu komplizierte Anmeldung. Man sollte es dem Abonnenten so einfach wie möglich machen. Daher ist auf lange Fragenkataloge bei der Anmeldung zu verzichten. Auf was man jedoch nicht verzichten darf, ist der Double-Opt-In, bei dem der Abonnent in der ersten E-Mail die Bestellung des Newsletters bestätigen muss.

Abmelderaten sagen schon eher etwas über die Inhalte des Newsletters aus. Man kann die Abmeldung noch mit einer Umfrage über den Grund der Abmeldung verbinden, doch das ist nicht wirklich notwendig. Der Grund ist oftmals, dass der Inhalt nicht überzeugt. Man sollte also den Inhalt durchforsten und streng prüfen, ob er einen Mehrwert an nützlichen Informationen bietet und sich diese Informationen wirklich auf die Themen der Webseite und das eigene Angebot beziehen. Oftmals erhält man auch Vorschläge von Empfängern. Man sollte diese mit den Inhalten vergleichen und entscheiden, inwieweit den Interessen der Leser entsprochen wird. Die Faustregel ist, dass ein guter Newsletter mit für den Leser interessanten Themen nicht abbestellt wird. Hier gibt es aber eine Ausnahme. Kauen die Themen im Newsletter nur die Webseite wieder, dann macht der Newsletter keinen Sinn. Daher ist auch darauf zu achten, dass mehr Informationen geliefert werden, als auf der Webseite vorhanden sind.

Öffnungsraten zeigen an, zu welchem Prozentsatz die E-Mails überhaupt geöffnet wurden. Hat man hier Schwierigkeiten, kann das an drei Gründen liegen. Das erste ist der Spamfilter. Man sollte auf keinen Fall Formate, Texte oder Ähnliches verwenden, die nach Spam aussehen. Man vermeide Rechtschreibfehler, Neonfarben, ALLES IN GROSSBUCHSTABEN, unseriöse Worte und viele Sonderzeichen. Auch kann man bei der Anmeldung die Empfänger dazu auffordern, die Absenderadresse in das Adressbuch aufzunehmen.

Der zweite Grund kann in der Betreffzeile liegen. Ist diese nicht aussagekräftig, zu lang oder zu kurz oder einfach nicht für den Leser relevant, dann wird er die E-Mail einfach ungeöffnet löschen. Man kann einfach mit verschiedenen Betreffzeilen experimentieren, bis man die Öffnungsrate wachsen sieht.

Der dritte Grund kann in der Sendezeit liegen. Sendet man die E-Mails zur falschen Zeit, dann liegen sie zu lange im Postfach. Andere E-Mails verschieben sie nach unten, bis sie dem Blickfeld entschwunden sind. Da viele Empfänger ihr Postfach nicht entsprechend pflegen, bleiben sie dann ungelesen.

Klickraten beziehen sich auf die eingebauten Links. Diese bringen den Leser zu den speziellen Angeboten. Geringe Klickraten können wiederum einen von zwei Gründen haben. Der erste Grund ist ein Angebot, das nicht wahrgenommen wird. Das kann an der Gestaltung der E-Mail, der Beschreibung im Text oder den Bildern liegen. Hier kann man einfach ein paar andere Gestaltungsmöglichkeiten und Ausdrucksformen verwenden und sehen, was sich tut. Der andere Grund ist, dass das Angebot selbst nicht relevant ist. Hier kann man entweder gar nichts tun oder reagieren. Eine gute Reaktion ist eine Änderung des Angebotes und eine andere Möglichkeit ist die Überprüfung der Webseite. Vielleicht ist die Gestaltung der Webseite irreführend und Leute abonnieren den Newsletter mit falschen Erwartungen. Das passiert häufiger als man denkt.

Konversionsraten beziehen sich auf das Verhalten des Empfängers nach dem Anklicken eines Links. Hier geht es darum, zu sehen, ob der Empfänger der E-Mail das Produkt auch wirklich kauft. Ist das nicht der Fall, dann liegt das nicht am Newsletter. Dieser hat seinen Zweck erfüllt, indem er die Motivation zum Anklicken des Links geschaffen hat. Erfolgt kein Kauf, dann liegt das eher am Angebot des Unternehmens. Hier kann man dann entsprechend nachbessern.

Wer mit diesen Raten nicht zufrieden ist und noch mehr herausfinden möchte, kann natürlich immer auch Umfragen in den Newsletter einbauen. Diese werden aber nicht immer angenommen, da die Beantwortung der Fragen Zeit kostet. Außerdem sind nicht alle Antworten immer hundertprozentig ernst gemeint. Um dies zu umgehen, kann man einfache A/B-Tests durchführen.

A/B-Test steht für das Absenden von zwei E-Mails, der A- und der B-E-Mail. Beide E-Mails gleichen sich im Grunde, doch unterscheiden sie sich in wenigen Details. Man unterteilt die Empfänger in zwei Gruppen, der A- und der B-Gruppe. Jede Gruppe erhält nur eine der E-Mails. Zum Beispiel kann der Unterschied in einer unterschiedlichen Betreffzeile liegen. Wird nun die B-E-Mail prozentual öfter geöffnet als die A-E-Mail, dann weiß man, dass der Betreff der B-E-Mail besser ist. Ebenso kann man unterschiedliche Inhalte oder verschiedene Sendezyklen testen. Wichtig ist immer, die Unterschiede möglichst klein zu halten. Verändert man zu viele Dinge auf einmal, dann wird es schwer, den wirklich bestimmenden Faktor zu isolieren.

Das Testen mit A/B-E-Mails ist ein langwieriger Prozess. Es geht nicht um das sofortige, sprungartige Ansteigen der Raten, sondern um eine stetige Verbesserung. Stück für Stück arbeitet man sich damit nach oben.

Welche Fehler sollte man vermeiden

E-Mail-Marketing bietet eine Reihe von Vorteilen und ist dabei kostengünstig. Gerade weil dem so ist, wird es oft ohne große Vorbereitung betrieben. Das Resultat ist dann nicht das erhoffte. Man gewinnt keine Neukunden, sondern man landet permanent im Spamfilter oder die Empfänger melden sich einer nach dem anderen ab. Dabei ist es so einfach, die typischen Fehler zu vermeiden.

Der häufigste Fehler ist es, von allem etwas anbieten zu wollen. Der Gedanke ist, damit auch für jeden etwas zu bieten. Entweder existiert nicht das nötige Selbstvertrauen, um eine eigene Entscheidung bei der Auswahl der Inhalte zu treffen oder man ist einfach unerfahren. Versetzt man sich jedoch in die Lage des Empfängers, dann versteht man ihn auch hin und wieder. Will man selbst lange E-Mails erhalten, in denen man sich die erhofften oder erwarteten Informationen erst lange und mühsam heraussuchen muss? Wer das will, ist bei Google besser aufgehoben, denn dort gibt es eine reichere Auswahl und man meldet sich kurzerhand ab.

Einige Newsletter-Ersteller wollen möglichst viele Informationen in den Newsletter bringen. Das Problem ist, dass das den Newsletter schnell sehr unübersichtlich macht. Wie in dem Fall zuvor, so wird auch hier der Empfänger sich entnervt abmelden. Ein paar wenige, dafür aber wirklich relevante, Informationen sind weit besser als eine Ansammlung von uninteressantem Geschwafel.

Nicht lesbare E-Mails kommen auch mal vor. Das geschieht vor allem dann, wenn die E-Mail zuvor nicht getestet wurde. Um dies zu vermeiden, folge man einfach dem bereits gegebenen Rat, die E-Mail immer erst zu testen. Ist sie nicht lesbar, meldet sich der Empfänger auch hier einfach und schnell ab.

Ist man halbwegs im Umgang mit Computern bewandert, nicht in deren Programmierung, sondern in der Anwendung von Word und Excel, dann kann man die E-Mails selbst mit der Vorlage erstellen und durch Testen überprüfen. Ein teurer Fehler ist die Beauftragung eines Unternehmens. Diese verlangen oftmals mehr als 100 Euro die Stunde für die Erstellung einer Vorlage und man kann sich nie sicher sein, ob die wirklich bei den Empfängern gut ankommt. Wenn nicht, dann muss man wieder zum Geldbeutel greifen. Da sollte man sich lieber auf die eigenen Fähigkeiten und die vorhandenen Vorlagen verlassen. Dadurch spart man Geld und ist flexibler.

Heutzutage werden mehr als die Hälfte der E-Mails auf mobilen Geräten geöffnet. Diese stellen die Inhalte der E-Mails jedoch anders als Computer dar. Daher ist es ein großer Fehler, die E-Mail nicht auch Mobile-freundlich zu gestalten. Das führt zu abgeschnittenen Betreffzeilen und Texten und nicht-dargestellten Bildern. Am besten ist die Verwendung eines Responsive-Designs. Man sollte auch auf die Verwendung von allgemein nutzbaren Schriftarten und kleineren Schriftgrößen achten.

Massensendungen sind ebenfalls unerwünscht. Man hat viel mitzuteilen? Man hat eine lange Empfängerliste? Sehr gut, doch die Empfänger haben unterschiedliche Interessen. Das Gute an Newslettern ist, dass sie eine Kommunikation in beide Richtungen zulassen. Das geschieht durch offene Vorschläge von Abonnenten und durch deren Anklicken von eingebauten Links. Es lohnt sich wirklich, auf diese Dinge zu achten und damit eine Segmentierung vorzunehmen, so dass man die wirklich für den Empfänger interessanten Inhalte auch wirklich an diesen Empfänger sendet. Ein simples Beispiel hilft, das zu verstehen: Ist es für einen jungen Mann von Nutzen, wenn er ein neues Angebot über Damenschuhe erhält? Wahrscheinlich nicht. Das gleiche gilt für eine Menge anderer Dinge. Je mehr man personalisiert, desto mehr Erfolg wird man haben.

Die Versendung von immer gleich gehaltenen Newslettern ist ebenso wenig zu empfehlen. Zum einen wird der Empfänger schnell müde, immer das Gleiche zu lesen, zum anderen behandeln Filter das als Spam. Die E-Mails sollten Abwechslung im Inhalt und in der Gestaltung aufweisen. Die Gestaltung muss dabei aber weniger oft geändert werden. Wenn man zwischen verschiedenen Vorlagen immer hin und her wechselt, reicht das aus. Der Inhalt jedoch sollte sich in so vielen Punkten wie möglich unterscheiden.

Ein rechtlich relevanter Fehler ist das Nutzen des Single-Opt-In. Hier trägt der Abonnent seine E-Mail-Adresse in das Anmeldeformular ein und erhält nun den Newsletter zugeschickt. Im Double-Opt-In muss er in der ersten E-Mail die Anmeldung bestätigen. Damit hat man selbst eine Sicherheit, dass er den Newsletter wirklich möchte. Im Single-Opt-In ist das weniger klar. Das kann schnell zu Problemen vor Gericht führen oder eine kostenpflichtige Abmahnung bringen.

Verwendet man die entsprechenden Tools, dann bekommt man Rückmeldungen über die Klick- und Öffnungsraten. Das gibt wichtige Hinweise sowohl über die Gestaltung des Newsletters als auch des Angebots des eigenen Geschäfts. Ein Kardinalfehler ist es, diese Rückmeldungen nicht auszuwerten. Die Auswertung mag nicht so einfach sein und vor allem dem Neueinsteiger erhebliche Probleme verursachen, doch wer sie nicht durchführt, tappt einfach nur im Dunkeln.

Ein großer Vorteil des E-Mail-Marketings ist das Entstehen einer persönlichen Verbindung zwischen dem Unternehmen und dem Empfänger. Es ist ein grober Fehler, dieses Potential ungenutzt zu lassen. Neben der schon angesprochenen Abstimmung auf die Interessen der Abonnenten bedeutet dies auch eine personalisierte Anrede. Das bringt Nähe, doch sie sollte richtig sein. Jemanden mit dem Namen anzureden, oder ein „Herr" beziehungsweise „Frau" zu verwenden, ist noch lange nicht alles. Man muss sich auch für die Verwendung des „Sie" oder „Du" entscheiden. Ein trendiges Unternehmen sollte eher auf das „Du" setzen, während seriösere Unternehmen mit einem „Sie" besser beraten sind.

E-Mails bieten eine Möglichkeit zum Dialog. Es ist wichtig, dem Empfänger eine Antwortmöglichkeit zu offerieren. Nur allzu oft geschieht das nicht, dabei wäre es für alle so leicht, wenn man nur aufeinander hören würde. König Kunde weiß schließlich selbst am besten, was er will. Daher sollte man ihn zu Wort kommen lassen und auch zuhören. Neben Vertrauen erhält man so vor allem die Hinweise, die man braucht, um mit seinem Newsletter beziehungsweise Geschäft erfolgreicher zu sein.

Der Versandzyklus wird oft genug falsch gesetzt. Wie schon angesprochen haben unterschiedliche Empfänger ihre unterschiedlichen Zeiten, an denen sie offen und handlungsbereit sind. Hier muss man einfach auf die richtige Zeit setzen, sonst geht man zu leicht in der Flut der E-Mails und täglichen Anforderungen unter.

Fazit

E-Mail-Marketing ist ein erfolgversprechendes Marketing-Tool, das mit geringen Kosten eine große Wirkung erzielen kann. Insbesondere erreicht es den potentiellen Kunden mehrfach über einen längeren Zeitraum und entwickelt so die nötige Überzeugungskraft. Daher ist E-Mail-Marketing für jedes Unternehmen zu empfehlen, dessen Kundschaft im Internet kommuniziert.

Im Gegensatz zu sozialen Netzwerken und anderen Medien ermöglicht das E-Mail-Marketing den Aufbau einer Beziehung zum Kunden, was dessen Bindung zum Unternehmen fördert. Konkurrenz wird so oftmals nicht mehr in Betracht gezogen und es entwickelt sich die Bereitschaft, einen höheren Preis für ein gutes Angebot zu zahlen.

E-Mail-Marketing ist jedoch nur wirklich erfolgreich, wenn einige Grundsätze beachtet werden. Rechtlich muss man sich auf der sicheren Seite befinden. Dazu braucht man das Double-Opt-In-Verfahren und einen praktischen Abmeldebutton. Der Newsletter selbst muss auch ein Impressum enthalten.

Für die Gestaltung gilt es vor allem, einen guten Inhalt in eine ansprechende Form zu kleiden. Ein Inhalt ist dann gut, wenn er die Themen der Unternehmensseite widerspiegelt, ohne diese einfach nur wiederzugeben. Werbetechnisch sollte der Newsletter nur eine Botschaft haben, welche zum Kauf animiert. Dazu braucht er noch ein wenig mehr Informationen, die auch zu einem weiteren Lesen anregen.

Eine ansprechende Form liegt vor, wenn die wichtigsten Inhalte im above-the-fold-Bereich liegen und Handlungsaufforderungen entsprechend mit Kontrasten hervorgehoben sind. Dank der vielen Vorlagen in den E-Mail-Marketing-Tools kann man das Aussehen so gestalten, dass es auf allen Servern und Geräten gut aussieht. Insbesondere Responsive-Designs sind hier sehr zu empfehlen.

Das Problem der Spamfilter kann man umgehen, indem man den eigenen Server zertifiziert. Zusätzlich gilt es, Rechtschreibfehler zu vermeiden. Unseriöse Worte und unseriöse Gestaltungsmittel wie Sonderzeichen, ALLES IN GROSSBUCHSTABEN und Neonfarben haben im Newsletter nichts verloren.

Eine Empfängerliste baut man mit gelungen Inhalten auf der Webseite auf. Diese verbindet man mit der Option, sich in den Newsletter einzutragen. Diese Option unterstützt man mit aussagekräftigen Argumenten.

Das Wichtigste ist, nie zu vergessen, dass das E-Mail-Marketing einen persönlichen Kontakt gestattet. Diesen sollte man daher mit der richtigen Anrede fördern. Dazu sollten die Empfänger die Chance bekommen, sie zu äußern und auf Beiträge zu reagieren.

Wer das E-Mail-Marketing nicht nutzt, verliert eine wunderbare Möglichkeit, Kunden an sich zu binden und neue Kunden zu werben. Dank des persönlichen Verhältnisses suggeriert man eine Wertschätzung und Vertrauen, die sich auszahlen. Andere Medien lassen ein solches Verhältnis nicht zu. Um jedoch die Möglichkeiten voll auszuschöpfen, muss man auf Personalisierung setzen. Ebenso muss man dieses Instrument ständig weiterentwickeln. Dazu muss man es kontinuierlich testen. Wie so oft im Leben zahlt sich Mehrarbeit aus. Wer jedoch nur ganz simpel etwas zusammenstellen möchte, um es als E-Mail zu versenden, sollte sich diese Mühe gar nicht erst machen. Da sind Posts auf sozialen Netzwerken besser.

Das Besondere, der große Vorteil des E-Mail-Marketings, ist die persönliche Note. Daher Finger weg von Massen-E-Mails. Ebenso heißt es Finger weg von unnützen Inhalten. Heutzutage wird man mit so vielen E-Mails zugeschüttet, dass die Reizschwelle erheblich sinkt. Daher ist es besser, einen Newsletter nur selten zu schicken, aber dann mit guten Inhalten, als oft und mit sinnlosen Informationen. Natürlich hängt es im großen Maße davon ab, was man wem anbietet, wenn man sich fragt, wie oft und wann man was senden soll. Doch die allgemeinen Regeln gelten nicht ohne Grund.

Um eine erfolgreiche Kampagne aufzubauen, braucht man auch einen guten Server. Die Sendezeit ist doch sehr wichtig. Daher muss der Server leistungsstark genug sein, die Empfängerliste entsprechend im rechten Moment und komplett durchzugehen.

Das E-Mail-Marketing mag, besonders wenn man es richtig machen möchte, am Anfang schwierig erscheinen. Wie heißt es jedoch? Jede Reise beginnt mit dem ersten Schritt. Versucht man sich daran, wird man schnell herausfinden, was man wie gestalten kann. Mit der Erfahrung kommt auch der Erfolg. Wichtig ist aber auch, die Werbung und deren Erfolg vom Verkauf und dessen Erfolg zu trennen.

Die Werbung bringt den Kunden zum Geschäft. Ein gutes Angebot und Service dagegen sorgt für den Verkauf. Ist man gut darin, Abonnenten für den Newsletter zu gewinnen, aber man kann doch nichts verkaufen, dann ist nicht das Marketing schuld. Das hat seinen Zweck erfüllt, als es den Kunden zum Geschäft beziehungsweise den Leser der Webseite zum Abonnenten des Newsletters gebracht hat. Nun ist es wichtig, das Angebot auf Vordermann zu bringen.

Das E-Mail-Marketing ist sehr nützlich, um ein gutes Angebot erfolgreich bekannt zu machen. Man muss sich über das „Wie" genauso im Klaren sein wie über die Grenzen. Dann kann man mit E-Mail-Marketing erfolgreich sein.

www.ingramcontent.com/pod-product-compliance
Lightning Source LLC
Chambersburg PA
CBHW071804170526
45167CB00003B/1168